"二战战败国的改造与反省之路"比较研究丛书

孟钟捷 主编

大国合作的试验

盟国对德管制委员会研究

徐之凯　著

黄山书社

图书在版编目(CIP)数据

大国合作的试验——盟国对德管制委员会研究/孟钟捷主编，徐之凯著. —合肥：黄山书社，2015.6
("二战战败国的改造与反省之路"比较研究丛书)
ISBN 978-7-5461-5061-1

Ⅰ.①大… Ⅱ.①孟… ②徐… Ⅲ.①盟国对德管制委员会(1945~1948)—研究 Ⅳ.①E195.3

中国版本图书馆 CIP 数据核字(2015)第 138215 号

DAGUO HEZUO DE SHIYAN——MENGGUO DUI DE GUANZHI WEIYUANHUI YANJIU
大国合作的试验——盟国对德管制委员会研究 孟钟捷 主编 徐之凯 著

出品人 任耕耘
总策划 任耕耘
执行策划 马 磊 王舒彦
责任编辑 王舒彦
责任校对 刘莉萍
装帧设计 未 氓
出版发行 时代出版传媒股份有限公司(http://www.press-mart.com)
黄山书社(http://www.hspress.cn)
地址邮编 安徽省合肥市蜀山区翡翠路 1118 号出版传媒广场 7 层 230071
印 刷 安徽国文彩印有限公司
版 次 2015 年 8 月第 1 版
印 次 2015 年 8 月第 1 次印刷
开 本 700mm×1000mm 1/16
字 数 200 千
印 张 15.75
书 号 ISBN 978-7-5461-5061-1
定 价 45.00 元

服务热线 0551-63533706
销售热线 0551-63533761
官方直营书店(http://hsssbook.taobao.com)

序一

王斯德

2015 年，人类迎来了世界反法西斯战争胜利 70 周年的神圣时刻，全球各地举行了多种多样的纪念活动。人们在这一重大的纪念时刻，不由得对历史进行深沉思索，对未来作深刻思考。

从永定河畔的卢沟桥，到来凤山下的国殇园，从欧洲大陆的格但斯克，到太平洋之滨的东京湾，遍布世界的警钟正逐一敲响：铭记历史，捍卫和平。

第一次世界大战结束仅隔 21 年，战争的伤口还未愈合，为什么人类又急速重蹈覆辙，陷入第二次世界大战的空前灾难和浩劫？人们从中应记取什么历史教训？人类怎样才能避免历史悲剧的再次重演？这是世人深切关注的时代议题。对此，人们可以多视角、多领域、多层次地进行研究探讨。由孟钟捷教授主编、黄山书社出版的“二战战败国的改造与反省之路”比较研究丛书则从战败国改造与反省的比较角度叙述和剖析了西方战胜国对德、日战败国处置的方针和措施，战败国德国、日本执政当局对侵略战争所采取的立场、态度和实际作为，以及造成两国不同差别的原因和结果。问题意识鲜明，针对性和现实感强，富有启迪警示意义。

铭记历史,不是为了延续仇恨,更不是为了播种新仇的种子,相反,是为了捍卫和平,彻底根除产生法西斯主义、军国主义复仇的土壤和环境。想当初,希特勒纳粹党就是在一战后德国不甘失败、不肯认罪的历史背景下,借助煽动和利用民族复仇思潮而发动了罪恶的侵略战争,这一血的历史教训值得后人铭记。本丛书是以铭记历史、捍卫和平为主旨建构全书的框架体系,展开精细深入的阐释解析。

总的来说,德国进行了较深的反省,认罪服罪的态度较好,历届政府领导人都承认希特勒德国发动了侵略战争,德国对其后果愿“全面承担责任”,并向当年受害国和受害人道歉、赔偿,请求宽恕。联邦德国总理勃兰特在华沙犹太人殉难者碑前双膝下跪,真诚之心令世人感动,德国的历史教科书对青年一代进行了理性的正面教育。德国的知罪认罪、幡然悔悟、决意归正等一系列的言行赢得了欧洲和世界人民的谅解和尊敬,使整个国家终于“战胜过去”,摆脱了70年前的历史包袱,告别了野蛮、邪恶、黑暗的旧时代德国,开创了民族复兴的新未来。值得指出的是,丛书对德国的改造和反省并不简单化地加以记述,而是强调德国对二战的反省经历了逐步深化和曲折起伏的过程,德国历史观的转变,也经历了从被迫到自觉的过程,这使读者更真实地理解历史发展的复杂性和深刻性。

当人们的目光从欧洲的德国转向亚洲的日本,看到的则是另一番的景象。丛书以广阔的国际视野,对日本社会在战争记忆中形成的复杂局面作了深入的论析,不仅观察了战败国是否真正反躬自省,而且审视了战胜国是否有效地推动战败国走向新生。战后单独拥有占领权的战胜国出于自身的利益和霸权意图，违反国际公约精神，对日本军国主义没有进行全面彻底的清算和实行有效的根除措施，致使右翼势力始终得以潜伏、滋长。他们不服输、不认罪、不悔罪，千方百计地歪曲、篡改、伪造历史，掩盖侵略战争的本质，在反对“自虐型历史观”的幌子下，与周边受害国家进行了马拉松式的“历史认识之争”，拒绝向被侵略受害国家认罪道歉。可笑的是，甚至连战败的事实也不肯公然承认，竟将战败称为“停战”。近期来，在右翼势力的鼓动支持下，日本不断按扭曲的历史价值观修改历史教科书，并举行规模日益扩大的参拜靖国神社活动，更为严重的是变本加厉地蓄谋修改和平宪法，强行解禁集体自卫权，壮大日本自卫队，妄图实现重新武装，成为军事大国。所有这些倒行逆施的言行怎能让爱好和平的亚洲人民和世界人民放心、安心？

世界持久和平不会自然到来，和平需要努力争取，日本能否走和平的道路，要靠国际社会的合力推动（包括德国自我反省正面榜样的影响），要靠曾受日本侵略的国家和人民督促鞭策，更要靠日本全体人民清醒地面对历史，面对现实，自觉反省，自我改造，走自赎自救的光明之路。路在何方，相信认真阅读本丛书的读者都会从中得到有益的启示。

丛书注重科学性、学术性与公众性、通俗性相结合，以面向大众、普及历史教育、培育公众历史意识为宗旨，表达风格上力求通俗流畅、生动形象，可读性强，富有感染力，力避引证繁杂和书写外国史时常见的洋腔洋调，在融入国际二战文化中保持中国学者的风格特色。

丛书十分注意科学性，遵守学术规范，求真求实，做到言之有据，持之有故，不尚空谈，不随意武断定论，使读者的认识获得自由深化的天地。

近年来，丛书的主编孟钟捷教授积极倡导和践行公众史学的研究和著述，组建了一支以中青年为主的写作团队，并联合相关的出版团队，共同为推进公众史学的发展繁荣辛勤耕耘。丛书的出版就是一个可喜的成果，值得庆贺，衷心祝愿各位继续执着前行，硕果累累，成就斐然。

读罢丛书有感，略述数语，权充序。

【王斯德为华东师范大学历史学系教授，曾任华东师范大学历史学系主任、人文学院院长，教育部高等学校历史学科教学指导委员会委员，中国二战史研究会副会长；现任《历史教学问题》主编。】

序二

孟钟捷

每到重大周年纪念时刻，历史工作者总会自然而然地去思考“历史记忆”的意义究竟何在等一类的宏大问题。2015 年是中国人民抗日战争暨世界反法西斯战争胜利 70 周年，这种思考当然得继续下去。

历史记忆一般可分为两类：个体的和集体的。个体历史记忆虽因主体经验的差异性而色彩斑斓，但由于身体机理的缘故，终究会随着肉身死亡而消退。与此相反，集体历史记忆虽因统一的旨趣而略显单调，但它可以借助各类媒介，在一段时间内保持延续性，并成为特定历史条件下特有社会文化的反映。

对于发生在 70 年前的这场世界大战而言，硕果仅存的盟军老兵、不断被噩梦惊醒的慰安妇、永生背负罪责的行凶者等，当然是亟须通过口述方式来加以抢救的二战见证。但相比之下，关于二战的集体记忆及其形成机制，因其涉及面之广、内涵之深，才是当代历史学界极为关注的对象。特别是在对德国、日本两个战争元凶国家的对比研究中，人们感兴趣的问题是：1945 年后，它们究竟是如何看待这段“历史负担”的？它们的立场何以形成？又怎样发生变化?

一般认为,德国的认罪态度要好于日本。这不仅反映在德国政治家们不厌其烦地向当年受害对象道歉与赔偿的行动中,而且还实实在在地体现于历史教科书中长达数十页的"犹太大屠杀"描述里。不过,德国历史学家曼弗雷德·基特尔(Manfred Kittel)告诉我们,德国的罪责观其实也经历了漫长的转变过程。被占领时期德国人对纽伦堡审判的认可态度,很快随着建国初期追求"正常化"的心理而下降,大量前纳粹分子由于"大赦"而重新进入公共生活。尽管如此,基督教回忆文化的自责特征、第一代领导人的谨慎立场、保守派历史学家们的巧妙诠释(即把纳粹历史与德国文化区分开来)、记者们探求真相的不懈努力和左翼知识分子们的冷静态度,特别是来自美国与周边国家的压力,才一步步地促使"奥斯维辛"进入到德国的国家记忆中。20 世纪 60 年代的学生运动最终完成了这种转变。自此之后,与纳粹主义的清晰切割成为社会共识,"历史负担"反倒扮演了联邦德国在历史政治中的前进动力。

与此相反,日本的罪责观远远落后于德国,如基特尔所言,"深陷于政治实用主义"。随着时间的推移,在日本,东京审判的认可度不断下降,把战犯视作"烈士"的观点反而越来越受到拥护。对此,基特尔认为,"耻感文化"的内因解释并不足以让人理解日本对待"历史负担"的基本立场。与德国相比,日本的根本性差异在于战后所面临的"完全不同的框架条件":首先,美国单独占领日本,免除天皇的战争罪责,匆忙结束"政治整肃"以应对"冷战"格局;其次,被侵略国十分轻易地放弃了对日本进行战后改造的强力监督,甚至出现了东京审判时印度法官以日本侵略造成殖民帝国后退为由对所有被告做无罪释放的提议；再次，与强大的美国犹太人势力相比，亚洲被侵略国在美国的侨民无法形成有效的院外游说力量，来对美国的日本政策施加影响；最后，更为重要的是，全球二战记忆文化中的“核爆炸画面”让日本形成了建立在广岛经验之上的“耿耿于怀的受害者意识”，以至于在日本公众意识中，并没有彻底与极端民族主义和战争罪行划清界限。

值得关注的还有两国右翼翻案的效果比较。在德国，右翼提出了“德累斯顿遭受盟军轰炸而遇难的平民”“战后初期东部疆界变动中被迫迁徙的德意志人”等悲情话题。但无论怎样，这些讨论都遭到了“犹太大屠杀唯一性”的阻击，奥斯维辛的种族灭绝特性让其他战争罪行都黯然失色。在日本，广岛和长崎被界定为“遭受核爆炸种族灭绝”的纪念地。这种说法不仅得到了日本民众的认可，也得以成为全球二战记忆文化的两张经典图片之一（另一张就是“犹太大屠杀”）。日本右翼以此来固化“受害者”情结，并借此推动历史教科书的改写。在这一点上，基特尔以德国人的视角，提出了一个十分有趣的比较结论：日本右翼与第二次世界大战的关系，整体上类似于魏玛共和国时期德国右翼与第一次世界大战的关系——即以充满闪烁的言论来否认“侵略”与“战败”的事实，进而用蛊惑人心的认同需求来刺激所谓的“民族自豪感”。

当然，如同战犯与民众之间的关系错综复杂那样，当下德国、日本两国的高层罪责观与老百姓的历史认识之间也存在着既相互支持，又相互排斥的关系。政客们看待“历史负担”的模式，毫无疑问地受到了暗潮涌动的“民意”鼓励。这在德国表现为20世纪80年代初新任总理科尔大谈“晚生的幸福”，而在日本便出现了首相参拜靖国神社之举。但是,两国都存在着明显的代际冲突,青年人并没有放弃对战争一代的"历史清算"。在德国,当批判近代德意志人抱有所谓"灭绝性种族主义"观念的著作遭到老一代知识分子抵制时,青年人却把该书作者奉为偶像;在日本,因历史教科书事件而长期上诉的家永三郎先生也不乏青年支持者。这是我们判断当下德国、日本政治文化不可忽视的社会特征。①

为了进一步从历史视角来剖析德国、日本两国战后反省道路的异同性,本套丛书的第一批四本专著首先从个案角度探讨下列四个具体问题:(1)外部力量(美国)在改造德国进程中的政策为何遭遇困境?(2)作为大国合作机制的重要产物,盟国对德管制委员会是如何在矛盾动荡中塑造一个新德国的?(3)日本战后的经济外交(战争赔偿问题与日本对外经济援助)如何反映日本对于战争罪责问题的回避?(4)日本社会在战争记忆中形成了怎样的复杂局面?

作者中既有在学界已获得崇高声望的历史学家,又有"初生牛犊不怕虎"的史坛新人。感谢他们从各自擅长的角度,对学界一直关注的重大问题,提供了翔实而别出心裁的回应。这些研究无疑是对二战记忆研究的深化和推进。笔者希望以此为基础,在接下去的一系列专著、译著中,能够一步步地夯实我们在这些方面的历史认知。

笔者还要感谢德高望重的王斯德教授。感谢他一直支持笔者

---

① 参见曼弗雷德·基特尔:《纽伦堡和东京审判之后——1945—1968年日本与西德的"历史清算"》,吕澍、王维江译,上海:上海交通大学出版社,2014年。上述部分内容已由笔者发表在《文汇报》2015年3月31日"文汇学人"栏目中。

在二战记忆比较研究方面的工作,并慷慨应允为本套丛书作序。

笔者特别感谢黄山书社诸位社领导的大力支持,使得本书能够赶上二战胜利70周年的重大纪念时刻顺利付梓。

这套丛书的责任编辑是笔者的学生王舒彦。从2006年开始,笔者作为他的本科基地班导师,看着他一步步从青涩学生成长为今天兼具历史学识与市场判断力的"书场弄潮儿"。笔者十分愿意、也更为欣慰地迎接首套师生合作的智慧果实。当然,其中若存在任何不妥之处,当有笔者来承担。恳请各位读者不吝赐教(笔者邮箱:dehnmeng@ sohu. com)。

目　录

导　言*

盟国对德管制委员会(Allied Control Council for Germany,简称ACC),德语称之为"Allierter Kontrollrat"或"Vier Mächte"(四国占领机构),是二战欧洲战场结束后设在德国占领区的盟国军事占领管制机构。该委员会最初由美、英、苏三国派代表组建,法国后来加入。其总部位于柏林近郊的舒安尼堡(Schöneberg)。它负责联络各国军政府,重建德国各项秩序等重要任务。随着德国纳粹残余影响的肃清与东西方矛盾的日益凸显,ACC 内部的关系不断恶化,战后初期的合作局面不复存在。1948 年 3 月 20 日,苏联代表退出 ACC 会议,四国合作的态势由此打破,ACC 进入名存实亡的阶段。不过直到 20 世纪 90 年代,ACC 才随两德合并的最终和约签订而失去法理存在依据,正式寿终正寝。

纵观 ACC 的整个存在时期,它的产生体现了二战中同盟各国目标的一致性,其存在主导了对战败德国的全盘改造,并作为名义

---

* 封面图片为德国柏林的卡梅尔格里希特大厦,该建筑 1945 年战后曾被作为盟国对德管制委员会总部驻地。图片来源为 *Berlin*, *Kammergericht*, German Federal Archives, *Allgemeiner Deutscher Nachrichtendienst – Zentralbild* (*Bild* 183), Bild 183 – R98379. 转引自 https://en.wikipedia.org/wiki/Allied_Control_Council#/media/File:Bundesarchiv_Bild_183 – R98379,_Berlin,_Kammergericht.jpg.

上各盟国驻德的最高权力机关，充分体现了各大国在战后德国的合作与博弈，其由盛而衰的过程本身也是世界局势从二战向“冷战”过渡的写照。本书旨在从四国对德政策的变迁，以及ACC下属各国占领机关的合作关系变化这两大视角出发，诠释ACC的兴亡历程，借此体现世界趋势变化条件下大国外交合作关系的演变，解读“盟国管制”这一战后曾被赋予极大期待的国际组织合作统治理念最终破灭的深层原因。

在ACC兴亡起伏的跌宕命运中，不难发现诸多问题的存在：美、英、苏、法这四个制度不一、立场相异的大国，为何能在二战后的对德管制问题上达成统一？ACC作为一个前所未有的国际合作军政府组织，依托怎样的原则与形式才能在无政府状态下的德国成功地实施管制措施？这一有着各项条约与制度支撑，凭借着大国战时友谊构建起来的合作机制，又是在怎样的情况下分崩离析的？为何这一陷于垂死瘫痪的机构头衔，能够在风云变幻的国际舞台上支撑到两德统一方才正式退场？……这些问题在世界由二战向“冷战”过渡的错综复杂背景映衬下显得尤为诡谲奇异，也为ACC仅仅三年但意义非凡的实际活动历程披上了扑朔迷离的外衣，更引发了笔者对于这段历史的探索兴趣。解答这些问题，还原ACC的历史原貌，正是本书的缘起与宗旨所在。

除了ACC本身的复杂性以外，国内外史学界对于ACC研究的长期轻视，也是本文撰述的另一背景。长久以来，由于“冷战”影响及二战后历史研究趋向的变化，ACC的历史角色往往被各国历史研究者淡化，以满足各自社会宣传和意识形态的要求。此外，二战后，史学界在对二战的反思性研究中，往往沿用传统的民族国家视角，以致 ACC 这一超国家组织的历史定位难以明确，也就无法成为传统史学研究的热点。因此，对于 ACC 这一组织的兴亡历程，鲜有立场公正客观且从国际视野出发的专著出现。同时，此类研究在实施中的具体难度也决定了其局限性：

第一，ACC 的四国组成形式使国别研究易产生鲜明倾向性，难以实现一种全面的客观叙述。由于 ACC 的历程与“冷战”的爆发几乎同步，随着相互敌对立场的加深，该组织的实际效用不断降低，从而使人们对于这个旨在协调工作的国际组织失去了研究兴趣。在其活动期间，始终存在着美苏之间的意识形态分歧，西方世界内部美英与战后重建的法国政府之间的国家利益纷争也贯穿其中，观察者的立场难以取舍，为达成客观描述，最终不得不放弃对 ACC 这一整体历史的直接叙述，转以其他视角解读这段历史。此外，“冷战”时期东西方间有关 ACC 的档案及史料往往属于外交上的敏感问题，相互并不公开。因而，前述具有主观性的研究情况在相关资料缺乏及意识形态的影响下，势必导致研究视角具有片面化、倾向性。这一点在许多战后德国研究作品中都有所体现，它们往往刻意回避对 ACC 的整体提及，而代之以对其中一国或若干国的专门研究，将原本由 ACC 共同担负的任务转化为一方负责的具体事务，淡化 ACC 本身的存在。① 目前史学界对 ACC 的直接研究之所以稀少，这一点是主要原因。

第二，作为战后国际合作组织，ACC 运行机制先天不足，极大限制了学界对这一组织的研究兴趣。首先，各国战后对德政策发

---

① 朱可夫、艾森豪威尔、克莱等人回忆录中的观点充分体现了这一点，这些 ACC 参与者往往将 ACC 的管制实施归功于己方的努力。

展存在极大不确定性与诸多变化，这一点通过 ACC 的“各行其是”的原则表现得淋漓尽致：ACC 所具有的组织原则颇为独特——1945 年 8 月 30 日盟国对德管制委员会发布的首部宣言，在通告德国人民该委员会产生的同时，还保证各最高指挥官在其各自区域内所发布的命令指示不受该委员会成立影响①——该原则使得 ACC 各下辖占领区拥有高度的独立性，可以用自己的方式推行 ACC 的一致决定。这一点对意图深入研究其他占区的观察者制造了困难，在与 ACC 相关人士的回忆录便反映了这一现象，如美方占区总督克莱（Lucius D. Clay，1897 – 1978）将军的《在德国的决定》②虽然对美英两方的政策诠释相当详尽，但对苏联和法国立场就体现出了全然的犹疑不解。这一认识偏差往往会加重上一点所产生的片面性错误，使研究偏离了 ACC 整体本身，甚至出现以己度人的问题。

第三，德国社会中央与地方间互相疏远的政治传统，也导致 ACC 题材缺乏吸引力。在许多针对战后德国研究的著述（尤其是地区性研究）中，都存在这样一个倾向：ACC 被视为一个在柏林“高高在上发号施令”的组织，脱离了它在多国乃至在德国所处的具体政治环境，甚至被认为对于地方制度等具体政策并无太大实际作用可言。③ 这种德国特有的中央与地方相分离的政治传统引入到

---

① *Enactment and Approved Papers of the Control Council and Coordinating Committee* 1945. Vol. 1, Compiled by Legal division, legal advice branch, drafting section office of military government for Germany, Berlin, 1945, p. 44.

② Lucius D. Clay, *Decision in Germany*, Garden City, New York: The Country Life Press, 1950.

③ 赫尔穆特·沃尔曼：《德国地方政府》，陈伟、段德敏译，北京：北京大学出版社，2005 年，第 10 页。其认为在战后德国，“由下而上”建立起来的“作为行政单元的地方制度……在战后应付前所未有的破坏和痛苦中扮演了极其关键的角色”。

对 ACC 的固有印象中,就使得 ACC 不仅在国际舞台上的历史角色淡化不清,乃至在德国史研究中也成为不被重视的模糊角色。

第四,就史学界而言,传统的民族国家历史研究仍占主流,对于 ACC 这类超国家组织的研究兴趣相对不大。因而,对 ACC 的研究也就往往被导入以民族国家为背景的历史环境之内,丧失了对其作为国际合作组织所本应着重的国际特性的解读。在这种情况下,ACC 往往会被淡化为当时德国的一届临时政权,而非反法西斯盟国的国际合作占领机构,这一倾向在我国的德国通史类著作以及以往东德的相关研究中常有显露。①

即便在现有的直接针对 ACC 的著述中,也存在着许多值得反思的问题。由于“冷战”因素及意识形态局限,一些著作往往将其中一方或多方的作用无限夸大,而对其他占领方的动机和影响加以质疑。因此它们虽然就 ACC 作了详尽研究,却只是将之视作一个静态的政治研究对象,缺乏对其理念形成及命运变化背后的国际博弈形势的深层剖析②;此外,另一些研究则会忽视 ACC 作为国际合作占领组织的特殊性质,而将其描述为大国外交的既成后果,看成是西方国家(尤其是英美)对德管制理念一脉相承的机构,把法苏这两个参与国的位置和作用置于次要或消极的地位上,这无疑有悖于 ACC 中“四国一致”原则所体现的平等性。同时也会造

---

① 如东德科学院 Rolf Badstübner 等人对于 ACC 及盟国占领的评价等,可参见 Rolf Badstübner, “The Allied Four – Power Administration and Sociopolitical Development in Germany”, *Germany History*, Vol. 8,No. 2, 1990, pp. 145 – 162.

② 这方面的局限往往出现于东德对于盟国管制委员会的研究中,可参阅 Rolf Badstübner, “Zur Tätigkeit des Alliierten kontrollrates in Deutschland 1945 bis 1948”, *ZFG*, Vol. 34,1986,pp. 581 – 598. 该文对于盟国对德管制委员会作了主观上偏向苏联的叙述。

成对各国占领区的 ACC 从属机关（主要是各国的占领军军政府，简称“盟管机关”，原因正文中将作论述）的重视不够，将 ACC 的历程简化为四国间的单纯外交史。①

就国内而言，对 ACC 进行直接研究的成果更为稀少。除了业已提及的原因之外，还有一些特殊难点。一方面，我国史学界由于长期受苏联历史观念的影响，往往将由西方提出、苏联参与并最终退出的这一组织，视作西方出于意识形态原因而为苏联设下的“外交陷阱”，将 ACC 视为一种“西方阴谋论”的产物，而非二战对德胜利的成果，对其存在意义持片面否定的态度，强调其最终失败而忽视其产生、发展经历。这一点在中国过去许多有关德国及二战历史的教科书类作品中有所体现。随着“冷战”时代的过去，这种观点已经逐渐淡化。但相应的是，对于英美等西占区的研究比重在不断加大，而对法苏等国在 ACC 组织中的作用及不合作态度持一种或忽视或批评的视角，也没有看到其特定时间段中的消极态度本身正是出于 ACC 的合作原则及相应的历史原因，同样是 ACC 历史的重要组成部分并且不乏积极的影响，因而出现了又一种研究态度与力度上的不平衡，妨碍了我们对 ACC 全貌的体现。②

另一方面，在中国历史研究者眼中，目前二战后初期的德国历

---

① 这些问题往往出现在西德学者对于盟国对德管制委员会或战后德国的研究中，如 Gunther Mai, *Der Alliierte Kontrollrat in Deutschland*: 1945 – 1948, Oldenbourg, 1995. 该书大篇幅叙述了四国间有关德国问题的外交活动，但有关四国占领区间的分歧问题较少提及。

② 目前国内存在大量研究德国占领问题的论文著作，如张沛的《凤凰涅槃——德国西占区民主化改造研究》、冯琪的《苏联对德国的政策与德国的分裂(1945—1955)》等，但并无真正能够平衡地对 ACC 四大占区做出相应论述的作品出现。

史的定位偏向于“冷战”的宏大叙事。西方学者将战后德国视为欧洲复兴的关键,往往从经济及政治改造等方面予以诠释,如约翰·金贝尔(John Gimbel,1922 – 1992)的《美国的对德占领》就鲜明地体现出了这一特点①;而国内由于“冷战”史研究的盛行及后世“冷战”态势对研究者造成的逆推影响,往往将战后德国笼统地视为美苏“冷战”角逐的战场,将 ACC 所倡导的“战后合作”的初衷误读为进行意识形态斗争而准备的外交工具。这种定位虽然看似能够对 ACC 与德国的分裂及美苏在德国的交锋爆发做出解释,但无疑是背离了 ACC 这一组织本身的出发点和存在意义的,其定位是一种倒推的结果。

总而言之,过去对于 ACC 研究的误区在于:一方面,研究者难以掌握全面的资料;另一方面,即便掌握了大量第一手资料,也往往因立场及意识形态原因而难以整合,只能选择回避直接研究,转向更为细化方面或单一国别的具体研究,因而极少能体现出 ACC 本身的历史过程。在已有的研究中,又往往因为立场和角度问题,无法体现出 ACC 兴亡过程中的重点因素。“冷战”背景的存在、各国对德政策变迁、德国中央与地方脱离的政治传统,以及历史叙事视角选择的主流习惯,都限制了以往对 ACC 兴亡历程的专项研究。

就近期的国际相关研究著述而言,加拿大多伦多大学的学者曾就旧时纪录期刊《国际组织》②展开对盟国对德管制委员会部分

---

① John Gimbel, *The American Occupation of Germany*, Stanford University Press, 1968.

② Emanuel Adler, Louis W. Pauly (eds.), “The Council of Foreign Ministers”, *International Organization*, Published online: (May 2009), University of Toronto, Canada.

档案文件的重新记述解读，并在2009年开始陆续发布相关原始档案的电子文本，反映了国际上对这一研究主题重归本源的思考，开始抛弃以往的意识形态歧见，尝试从文本本身解读德国占领问题。1999年，法国的热纳维耶芙·马勒斯塔夫(Generière Maelstaf，生卒年不详)的《如何处置德国？法国的责任、德国的国际地位与统一问题(1945—1955)》以法国参与对德国际管制的视角对德国占领问题作了独到的分析，开始了从盟国合作视角反思对德占领研究的新进程。[①] 2001年，诺曼·M·奈马克(Norman M. Naimark，1944－)的《俄国人在德国》[②]对1945至1949年期间的苏占区历史作了详尽分析。“占领区”由此成为对德国战后研究一个热点词语。国内，吴伟《苏联与西方盟国在划分德国占领区问题上的合作与斗争》一文便将参与占领的四国放在了同一平台上进行了比较，改变了国内这类论文中往往会出现的视角倾向问题，[③]以公允的态度分析了四国间在占领政策形成及具体划分上的政治博弈。

在反法西斯战争60周年纪念的2005年之后，二战及相应的战后德国研究成为了国内史学界的一大研究热点，大量学者转向了相应的研究课题，并催生出了大量与ACC相关的论著，但并未出现直接针对ACC的历史角色与国际意义进行研究的作品。

就专著而言，国内现今对于德国战后占领的研究主要体现在

---

① Geneviève Maelstaf, *Que faire de l'Allemagne ? Les responsables français, le statut international de l'Allemagne et le problème de l'unité allemande* (1945 – 1955), Paris: Ministère des affaires étrangères, 1999.

② Norman M. Naimark, *The Russians in Germany*, London: The Belknap Press of Harvard University Press, 2001.

③ 吴伟:《苏联与西方盟国在划分德国占领区问题上的合作与斗争》,《东欧中亚研究》1994年第2期，第68—73页。

对德国的各方面改造研究上，其中尤以美英为主的西方国家的对德改造为热门，如张沛的《凤凰涅槃——德国西占区民主化改造研究》①就将 ACC 之下英美占区的民主化改造作为了研究主题；而吴友法、邢来顺的《德国——从统一到分裂再到统一》②则将 ACC 分区占领制度下德国的复兴与统一作为该书的历史叙事主线；吴友法的《德国现当代史》③、丁建弘的《德国通史》④中的相关章节也深刻体现了这一趋势，以极大的篇幅详细叙述了以英美占区为主的 ACC 占区改造工作。这种对于具体改造的关注虽然反映了对德国占领史研究的进一步深入，但也相应地淡化了 ACC 这一各占区间纽带组织命运的重要性。值得注意的是，较之以往，现今的德国战后研究已经转向了更大的视野范畴，更多的论文已经以宏观视角而非一国一方作为具体论述对象；如周显亮的《二战后初期德国西占区非纳粹化探析》⑤等文便以"西占区"为论述对象，而另一类如秦元春的《1945—1949 年盟国对德政策的走向及其得失》⑥、郑丽的《二战后盟国对德国的"非纳粹化"改造》⑦等，则以盟国这一大视角对盟国改造德国的政策进行整体性的变迁解读。此外，对过

---

① 张沛：《凤凰涅槃——德国西占区民主化改造研究》，上海：上海人民出版社，2007 年。

② 吴友法、邢来顺：《德国——从统一到分裂再到统一》，西安：三秦出版社，2005 年。

③ 吴友法：《德国现当代史》，武汉：武汉大学出版社，2007 年。

④ 丁建弘：《德国通史》，上海：上海社会科学院出版社，2007 年。

⑤ 周显亮：《二战后初期德国西占区非纳粹化探析》，硕士学位论文，吉林大学，2007 年。

⑥ 秦元春：《1945—1949 年盟国对德政策的走向及其得失》，《淮南师范学院学报》2005 年第 5 期，第 32—35 页。

⑦ 郑丽：《二战后盟国对德国的"非纳粹化"改造》，《武汉大学学报（人文科学版）》2010 年第 5 期，第 614—619 页。

往观点的再解读也成为了一种新的研究途径，如冯琪的《苏联对德国的政策与德国的分裂(1945—1955)》就在过去认为美英等国应为德国战后分裂负责的传统观点基础上，整理了苏联方面对于德国政策的相关材料，指明了苏联在战后德国管制及分裂中的整体政策构想与所应负的责任。[①] 任国强的《关于普鲁士历史评价的重新思考——对盟国管制委员会第46号令的驳正》则从ACC第46号令出发，对普鲁士军国主义思想改造做出了叙述，但仍未能涉及盟国对德管制委员会本身的命运变迁。[②]

由此可见，当今对这一类主题的研究多集中于对德改造问题，且研究对象已渐摆脱民族国家视角的束缚，并随着国际史学界该类研究的新进程而趋向于“占领区”“西占区”“盟国”这一类较为宏观的主体。但有关ACC这一层面的针对性研究尚属空白，并且有大量的档案资料尚待利用。而正是过去对于ACC的定位错误与不对称的细化研究，造成了目前国内研究对ACC这一宏观占领组织所经历的历史道路的长期认识缺失，这恰恰是本书旨在填补的学术空白之处。笔者希望从四国共同角度把握并探究这一战后具有国际合作性质的军事占领组织从理念萌生到组织瘫痪的全过程，从而揭示其存在意义与历史价值。

以上所提出的ACC研究意义及误区，就决定了对于ACC的论述，必须建立在综合性的整体架构之上，从而正确反映ACC的整个历史经历，建立起主次分明的分析叙述，将它作为战后国际合作组

---

① 冯琪:《苏联对德国的政策与德国的分裂(1945—1955)》,硕士学位论文,中国社会科学院,2005年。

② 任国强:《关于普鲁士历史评价的重新思考——对盟国管制委员会第46号令的驳正》,《德国研究》2004年第3期,第47—52页。

织与德国主权所有者的两大历史角色结合起来。为此,本书拟以时间为主轴,将 ACC 的历史分为理念的形成建立、战后合作期、转型期、分立斗争期与 ACC 的终结五大部分予以论述。

其中,从二战后期到 1945 年 8 月 ACC 正式建立之前的时间段为第一阶段,即 ACC 的理念形成与建立时期,对四大盟国对德政策的演变、ACC 前身欧洲咨询委员会(European Advisory Commission,简称 EAC)的建立与向 ACC 的过渡、ACC 行事原则与组织形式的确立进行系统的叙述。1945 年 8 月 ACC 正式建立到 1946 年 4 月第一届 ACC 成员中最后一人——苏联朱可夫元帅的离任为第二阶段,即 ACC 的战后合作期,一方面针对 ACC 重建德国秩序、开始对德改造展开叙述,另一方面对该时期以战时友谊及法国不合作态度为主的 ACC 内部关系进行分析。1946 年 4 月到 1947 年 3 月美方克莱将军升任 ACC 代表为第三阶段,为 ACC 的转型期,述及各占区应对德国战后经济危机局面的应对措施与社会改革进程,同时剖析该阶段 ACC 内部西方的主要矛盾对象由法至苏的转移。1947 年 3 月至 1948 年 ACC 陷入瘫痪则为第四阶段,是为 ACC 内各方分立斗争期,在叙述 ACC 对德工作分化的同时解析各盟国合作关系彻底破裂的进程。最终以 ACC 的终结一章结尾,介绍 ACC 在瘫痪后因两德分裂而造成的“名存实亡”局面,并在 20 世纪 90 年代初随德国统一而正式告别历史舞台的历程。

在进行历史叙事的同时,本书将 ACC 至关重要的两大行事原则——全德事务“四国一致”原则、各占领区“各行其是”原则——作为连接历史事件的潜在逻辑线索。这些重要原则的兴废经历,实际上也正反映了 ACC 由盛而衰的历程。就宏观叙述而言,本书希望突破以往德国占领研究中存在的误区，不局限于单个占领区或单纯德国方面的研究，而着力于1945—1948年德国的唯一主权所有者——ACC的整体研究，以ACC的角度对四大占领区，乃至四大盟国在对德占领问题上的分合关系展开论述。

对于ACC的研究，立足于大量档案材料的存在。从二战结束至20世纪90年代为止，由于意识形态原因及部分资料因“冷战”处于保密状态，加之ACC所处时间段介于二战及“冷战”两大世界现当代史研究传统热点之间，况且有关德国的战后初期研究始终处于相当初级的水平，更遑论针对ACC这类具体组织的研究。但在“冷战”结束以后，这一类研究便有了更为充分的资料基础，同时也摆脱了意识形态的窠臼，人们得以在客观史料基础上评判这段历史。该时期的研究往往仍以东西方在战后德国的外交角逐为主题，以国别一一叙述，但有了比较充分的史实论据支持，且摆脱了过去的倾向性色彩。因此目前ACC这一主题在研究方面的优势，在于大量的档案材料及亲历者回忆录等记录文本的存在。

由于盟国对德管制委员会是战后各国合作的成果，且由各国外交、国防等相关部门密切交流合作达成，因而有关资料普遍存在于各国外交档案之中。为保证ACC形象与其创始方意图一致，本书拟采用战后合作计划最早的具体制定方与推行方——美国方面保留的原始档案记录为准。主要包括记录有其创立过程及外交活动的《美国外交关系》①档案、记录有盟国对德管制委员会及下属协调委员会所颁布之所有法律政令的《管制委员会及协调委员会

① *Foreign Relations of the United States*, Washington: Government Printing Office, 1963－1966.

法律及批准文件集》①,以及记录德国被占领时期文件的《德国被占领时期文件集:1945—1954》。② 美方作为战后合作占领方案的最早策划参与者及该方案的实际主要推动者,其重要文件需要依据 ACC 四国一致原则予以承认方可生效。因此可以视作有关 ACC 权威客观的资料来源,最大程度地减少意识形态等各方面矛盾冲突影响的痕迹。

在辅助材料方面,有关 ACC 的史料,还可从盟国的内部外交资料或相关人士回忆录中获得更多的内容叙述。ACC 组织亲历者,如美国总统罗斯福(Franklin Delano Roosevelt,1882 - 1945)该时期的对外政策记录③,美方占领区总督、盟国对德管制委员会美方第三任代表克莱将军④的回忆录及口述材料⑤保留了大量盟国对德管制委员会中美方的资料与外交记录,以及英美在同盟国管制委员会中合作行动的记述。此外,在与克莱将军有关的美国在德政策方面的著作里,也有大量涉及 ACC 的内容,例如约翰·金贝尔⑥的《美国的对德占领》、琼·爱德华·史密斯(Jean Edward Smith,

---

① *Enactment and Approved Papers of the Control Council and Coordinating Committee* 1945. Vol. 1, Compiled by Legal division, legal advice branch, drafting section office of military government for Germany, Berlin, 1945.

② Beate Ruhm von Oppen (ed.), *Documents on Germany under Occupation* 1945 - 1954, London, New York, Toronto: Oxford University Press, 1955.

③ 罗伯特·达莱克:《罗斯福与美国对外政策(1932—1945)》下册,伊伟译,北京:商务印书馆,1984 年。

④ Lucius D. Clay, *Decision in Germany*, Garden City, New York: The Country Life Press, 1950.

⑤ Richard D. McKinzie, *Oral History Interview with Lucius D. Clay*, http://www. trumanlibrary. org/ oralhist/ clayl. Htm. July 16, 1974.

⑥ John Gimbel, *The American Occupation of Germany*, Stanford University Press, 1968.

1932 - ?)[①]的《卢修斯・D・克莱将军文件集》,都从侧面对克莱将军的回忆录作了资料和背景上的补充。在苏联方面,朱可夫(Georgy Konstantinovich Zhukov,1896 - 1974)、索科洛夫斯基(Vasili Danilovich Sokolovski,1897 - 1968)等 ACC 苏占区官员的回忆录也涉及了 ACC 的部分历史,并提供了苏方看待 ACC 这一国际合作组织的特殊视角。随着"冷战"结束,大量苏联档案解密,也给解读这一时期苏联在 ACC 的政策提供了可能。英方盟国对德管制委员会相关官员、历史学者迈克尔・鲍尔弗(Michael Balfour,1908 - 1995)[②]等人的回忆录等资料中则对盟国对德管制委员会的具体设置与组织机制进行了详细的叙述。就法国方面而言,有关其在 ACC 筹建时期的政治心态与目标意图则可在其相关人员,如戴高乐将军(Charles de Gaulle,1890 - 1970)的《战争回忆录》[③]等材料中窥见一斑;相关外交档案,可查询阿尔弗雷德・格鲁塞(Alfred Grosser,1925 - ?)的《法国对外政策(1944—1984)》[④]一书。另外,由于法国在 ACC 初期所持的独特不合作态度,因此其相关情况也可通过他国外交资料有所反映。

---

① Jean Edward Smith, *The Papers of General Lucius D. Clay*, Bloomington Indiana University Press, 1974.

② 如迈克尔・鲍尔弗、约翰・梅尔:《四国对德国和奥地利的管制 1945—1946 年》,安徽大学外语系译,上海:上海译文出版社,1995 年。

③ 戴高乐:《战争回忆录》,陈焕章译,北京:中国人民大学出版社,2005 年。

④ 阿尔弗雷德・格鲁塞:《法国对外政策(1944—1984)》,陆伯源,穆文等译,北京:世界知识出版社,1989 年。

第一章　盟国对德管制委员会的理念形成与建立

第一节　战后各国对德处理方针重点的形成

盟国对德管制委员会的形成与建立，很大程度上是由美、苏、英、法这四大成员国在二战末期形成的对德政策所决定的。这些政策中的共通之处，是在四国利益关系及战时友谊的影响下，通过诸多国际会议与条约获得妥协与确定，为 ACC 提供了基本的方针指向，并为实现国际合作奠定了基础。而那些隐含在各国政策之中的矛盾，则在 ACC 孕育初始就刻下了潜藏的裂痕。

一、美国

可能会令人感到惊讶的是，二战后对德管制问题的最早缘起之地，居然是 1941 年 8 月 14 日大西洋上一艘隶属于尚未对德开战的美国的重巡洋舰——“奥古斯塔号”。在这艘战舰上发表的《大西洋宪章》(*The Atalantic Charter*)，以其第 8 节内容模糊地提及了对于德国这样侵略国的战后处理办法：对“在本国国境之外进行侵略或可能要进行侵略”的国家解除武装。① 这是四大盟国于二战中首次在正式宣言中提及对战后德国的处理。当然，在当时的官方语境下，这一条并不能明说是针对德国的，但也确实指出了美英对于战后处理的基本态度。值得一提的是，这一条内容并非由当时正与纳粹德国苦战的英国提出，甚至并未包含在丘吉尔（Winston Leonard Spencer Churchill，1874－1965）所起草宣言的初稿之中；相反它是由罗斯福提出并加入最终宣言的。② 由此可见，美国早在加入二战之前，已开始考虑对德战后处理问题；事实上，美国战后对德处置理念的形成过程，也是最为复杂的。

在珍珠港事件爆发后，美德随之正式开战。开战仅两月，罗斯福便授权国务院制定战后对德计划，德国的战后处理方针问题便进入了正轨。1942 年，美国国务院成立了战后问题咨询委员会（Advisory Committee for Post-war Foreign Policy），专门研究对德处理方针。但需要指出的是，这一委员会是由国会召集，由不担任公职的社会名流组成，再加上当时美国社会内部“孤立主义”的残余因素影响，故其所采取的路线与罗斯福总统对德强硬的主张是大相径庭的，具有明显的温和性质。它反对严厉的经济赔偿和惩罚，认为“约束德国侵略行为的方法是利用德国的经济能力，而不是把德国的经济地位降低到劣等状态”③。这大体上体现出一种对德宽容

---

① 迈克尔·鲍尔弗、约翰·梅尔：《四国对德国和奥地利的管制 1945—1946 年》，第 21 页。

② 丘吉尔：《第二次世界大战回忆录 3·伟大的同盟》，韦凡译，海口：南方出版社，1995 年，第 504 页。

③ 转引自张沛：《凤凰涅槃——德国西占区民主化改造研究》，第 19 页。

的态度，这在以后将提到的德国战后分割的问题上表现得尤为突出。[①] 但有感于威尔逊总统提出的“十四点方针”所带来的消极影响，罗斯福总统力求严惩德国。因世界战场处于僵持阶段，谈论战后问题为时尚早，故“总统路线”与“国务院路线”之间的分歧此时并未激化。[②]

1944 年，随着对德战局趋于明朗，对德方针问题再度进入议程。可计划跟不上变化，随着盟军进入德国西北部作战，苦于没有明确占领德国政策的艾森豪威尔（Dwight David Eisenhower，1890 – 1969）将军只得命令盟国远征军最高司令部德国处先行制定盟军的对德指导准则。而当时可供参考的原则性文件仅有国务院所制定的路线方针而已，因此在艾森豪威尔将军主导下所编撰的《德国军政府手册》（*SHAEF Handbook for Military Government in Germany*）也有着浓重的温和色彩，规定了对德国居民较高的食品热量供给标准，并允许德国保留部分重工业[③]。该手册指出：“（盟国）主要且直接的使命……便是保持一切正常运作，收拾残局，尽快在负责地区恢复德国民事政府的官方机能……军政府首要关心的是看到机器运转，并且得是有效的运转。”[④]意外的是，这本具有应急色彩的小小油印手册，刚一面世立刻就掀起了一场轩然大波。1944 年 8

---

① Philp E. Mosely, “Dismemberment of Germany”, *Foreign Affairs*, 1950. 5, Vol. 28, p. 488.

② 有关该时期美国国内在外交思想方面“孤立主义”与“开放原则”的争议，可参见：王玮，戴超武：《美国外交思想史，1775—2005 年》，北京：人民出版社，2007 年，第 281—336 页。

③ 迈克尔·鲍尔弗、约翰·梅尔：《四国对德国和奥地利的管制 1945—1946 年》，第 29 页。

④ Carolyn Woods Eisenberg, *Drawing the Line: The American Decision to Divide Germany, 1944 – 1949*, Cambridge: Cambridge University Press, 1996, p. 30.

月,主张对德强硬的美国财政部部长小亨利·摩根索(Henry Morgenthau, Jr. ,1891－1967)驻欧洲的私人代表将这一手册上交。在赴欧飞机上的摩根索看到这一手册后大吃一惊,他认为这将使德国迅速恢复并发动“第三次世界大战”。① 摩根索随即将这一文件呈送白宫。罗斯福审阅后,立即采取措施,在记者招待会上公开批评手册的起草者“对德国人太手软了”②,并向国防部部长史汀生(Henry Lewis Stimson,1867－1950)传达备忘录,要求改变既有政策并指明要让整个德意志民族“清楚”他们的罪行。③ 至此,手册被迅速回收,军方再没有编写其他的代用品,对德温和的“国务院路线”也暂时陷入了冰点。于是问题再次回到原点,8月底即将入驻德国境内的美军仍无任何指导方针可言,史汀生为此上报总统,罗斯福任命国务卿科德尔·赫尔(Cordell Hull,1871－1955)、史汀生、摩根索与商务部部长哈利·霍普金斯(Harry Lloyd Hopkins, 1890－1946)四人组成委员会考虑德国问题。经过一系列争论,摩根索起草了《德国战后计划建议书》(*Suggested Post－Surrender Program for Germany*),实际上提出了他自己的对德计划,并于9月初呈交罗斯福,这也就是著名的“摩根索计划”。依据摩根索的观点,“法西斯主义就是德意志人的本质特点,因为大部分德意志人都参与了纳粹暴政,因此,应该无情地惩罚所有的德意志人”。④ 单

① 罗伯特·达莱克:《罗斯福与美国对外政策:1932—1945》下册,第670页。

② 迈克尔·鲍尔弗、约翰·梅尔:《四国对德国和奥地利的管制1945—1946年》,第29页。

③ Jill Jones, “Eradicating Nazism from the British Zone of Germany: Early Policy and Practice”, *Germany History*, Vol. 8, No. 2, 1990, p. 153.

④ 转引自李工真:《德意志道路——现代化进程研究》,武汉:武汉大学出版社,1997年,第481页。

纯的严格管制、消除军备、经济赔款都是不够的，以后将述及的英国以"再教育"为主要内容的方针亦不足取——"有哪位教育家敢断言外来的教育可以成功强加于六千万民众呢？"[①]唯一的办法，就是使德国非工业化，拆毁全部的冶金、化学和电子工业来解决赔款问题，将德国变为农业国。德国的经济必须"压低到勉强维持温饱的水平"，进而"消除德国作为欧洲经济大国的地位"。[②] 然后，"在它的政治和经济潜力丧失后，德国，作为一个由大国集团保证的国际秩序中的和平破坏者，应被抹掉，因为根除德国法西斯主义的最好办法就是消灭德国"。[③] 此外，摩根索认为实行"非工业化"还可以在战后巩固同盟关系：将德国出口产品的市场交给英国以充实其贸易需求，同时将德国的工业设备拆送苏联以满足其巨额赔款要求，能够借削弱德国加强各国间的友好关系。

毫无疑问，"摩根索计划"是罗斯福"总统路线"强硬态度的顶峰表现，也是各盟国对德惩罚态度中最严厉的方案。在此之前，罗斯福着力于强调德国的非军事化和"认罪"态度，并无具体指导思想可言，摩根索则将之落到了"非工业化"这一根本问题上。一旦德国的"非工业化"实施，一切对德惩罚主张、赔款、消除武装、经济政治实力削弱都将随之实现。但事实上，这一计划本身是针对战时德国而设置的，却未考虑到未来战后和平恢复情况下的应用情况。摩根索的去工业化、田园化，实际上也就是剥夺了德国的工业

---

① Henry Morgenthau, Jr. *Germany is our Problem*, New York: Harper and Brothers, 1945, p.14.

② 迈克尔·鲍尔弗、约翰·梅尔：《四国对德国和奥地利的管制 1945—1946年》，第 31 页。

③ 转引自李工真：《德意志道路——现代化进程研究》，第 481 页。

机能,使之无法作为一个现代国家存活下去。加之战后势必发生的政治动乱与经济危机,自然会导致德国国内严重的人道主义灾难,从而将德国战败的政治经济重担转移到占领国乃至整个欧洲的肩膀上。该计划所期望的通过削弱德国来满足盟国利益,实现欧洲发展的目标实际上是难以实现的。此外,该计划中如此彻底的"非工业化"手段,本身也缺乏可操作性,无法与战后百业凋敝的实际情况相一致。但必须承认的是,"摩根索计划"作为一项具体方案,指出了限制和改造德国工业在对德管制中的重要性,同时也兼顾了英苏等其他盟国的利益需求,对于此后美国的参谋长联席会议 1067 号指令(JCS1067)、波茨坦会议所确定的 4D(非军事化[Demilitarization]、非纳粹化[Denazification]、非工业化[Deindustrialization]、民主化[Democratization])计划,以及盟国对德管制委员会的对德经济改造工作,都起到了深远的启发作用。

作为四人委员会中的一员,摩根索所做的计划在史汀生等人的温和主张下本来是难以通过的,但美英首脑的高层会议改变了这一形势。在 1944 年 9 月 15 日的美英魁北克会议上,摩根索受特别邀请出席,并提出了他的方案,明确表明要"把构成军事实力基础的关键工业拆除或毁坏",让英国填补德国在欧洲经济中留下的空缺,建立"一个强大的欧洲,一个虚弱的德国"。[①] 罗斯福和丘吉尔草签同意了这一方案。然而,从后来的记述来看,英国对此计划并不领情,丘吉尔本人更是怨言有加。

对此不满的并非只有英国,此举在美国国内也发生了强烈反弹。四人委员会中的赫尔、史汀生联合起来反对摩根索,舆论反响

---

① Henry Morgenthau, Jr., *Germany is our Problem*, p. 1.

也极为不利。面对抗议压力,罗斯福总统转而否认自己有将德国削弱为农业国的意向,并告知史汀生自己“是屈从了一位老朋友的再三要求”①,“不假思索就签了字”②,并不清楚魁北克协议上有关于德国的内容。然而总统的退让策略并未引起政策的转向,罗斯福并不愿看到对德惩罚方针趋向温和。10 月 20 日,罗斯福声明:不愿“对一个我们还未占领的国家拟定详细的计划”③,中止了一切有关战后德国的计划安排。但次日,他就在演讲中用柔和的语句表示自己仍持“非军事化”主张:“德国人有必要用他们自己的行动在爱好和平、遵纪守法的各民族大家庭中重新赢得一席之地。在他们攀登这段艰难道路的过程中,我们定要保证不让他们有枪炮累赘。我们希望给德国人永远解除这个负担。”④直到罗斯福总统 1945 年 4 月 12 日去世,前述政策才得以取消,在这段时间内,“非军事化”实际成了美国对德惩罚的唯一主张。

由于形势刻不容缓,所以虽有禁令存在,但国务院、陆军部、财政部仍致力于至少达成一项临时性指令,来指导占领军的在德活动。1944 年 9 月 23 日,文件起草完成,1945 年 4 月送交艾森豪威尔审阅,并于 5 月获杜鲁门总统签署生效,发布 JCS1067,5 月 14 日交付艾森豪威尔由美军执行,指导美军占领初期阶段的主导政策。

JCS1067 是摩根索计划式的“强硬和平”与“国务院路线”的

---

① Robert E. Sherwood, *Roosevelt and Hopkins: an Intimate History*, New York: Harper, 1948, p. 832.

② James F. Byrnes, *Speaking Frankly*, New York: Harper, 1947, p. 186.

③ Robert E. Sherwood, *Roosevelt and Hopkins: an Intimate History*, p. 819.

④ Leland M. Goodrich and Marie J. Carroll (eds.), *Documents on American Foreign Relations, July* 1944 – *June* 1945, Vol. 2, Boston: World Peace Found, 1947, p. 7.

"温和和平"的互相妥协。[①] 首先,它指明德国人的罪责:"要使德国人明白,正是德国的残酷战争以及狂热的纳粹抵抗摧毁了德国经济,造成了德国的混乱,并使德国遭受了不可避免的痛苦,德国人不能逃避战争所造成的责任。"因此,"占领德国不是为了解放,而是将之作为一个战败敌国来对待","盟国占领的主要目标是防止德国再次成为对世界和平的威胁"。[②] JCS1067 规定要对德国进行严格管制,禁止政治活动、重建民主政治,由占领军解除德国武装,控制宣传,追究战犯,取缔法西斯组织,排斥纳粹分子,甄别、惩罚支持纳粹的企业,裁撤工业,务求将德国经济发展限定在"不发生诸如灾荒、疫病及骚乱此类威胁占领军事件"的范围内,德国人生活水平"不得超过周边盟国的标准"。[③] 这些强硬政策既是摩根索计划的延续,也是未来《波茨坦协定》4D 计划的雏形。虽然没有"旨在恢复德国经济"的任何内容,但温和派在陆军部要求下,获得了一项特别的权力:在依照 JCS1067 建立的美方军政府中,军事长官拥有对下属武装部队及德国公民的绝对管辖权。温和派人员可以利用这一相对自主权,在个人实际工作中维护占领区的工业基础。

就"摩根索计划"所提出的要求而言,JCS1067 虽然做出了让步,但所辖条款依旧太过严厉,与英国对德主导政策相悖,且不利

---

① 摩根索曾评论 JCS1067 称:"这些文件是迄今为止我所能希望得到的最好的文件,我要说它是如此令我满意,以至于我不会再争辩什么了。"参见 Carolyn Woods Eisenberg, *Drawing the Line: The American Decision to Divide Germany*, 1944 – 1949, p. 68.

② 张沛:《凤凰涅槃——德国西占区民主化改造研究》,第 23 页。

③ Beate Ruhm von Oppen (ed.), *Documents on Germany under Occupation* 1945 – 1954, London, New York, Toronto: Oxford University Press, 1955. pp. 13 – 27.

于苏联和法国通过德国经济获取赔偿的要求实现，因此未获欧洲咨询委员会的通过，未能成为盟国乃至英美的一致方针，甚至无法得到盟国其他前线军事长官的同意，而只能由美军自行执行。① 但它所提出的惩罚方案实际上标定了对德惩罚的下限，足以满足三大国中任一盟国在对德惩罚方面的需要，为未来盟国实行一致的对德处理措施提供了重要的参考，也就潜在地推动了盟国对德管制委员会的诞生。作为盟国对德管制委员会主要任务的《波茨坦协定》4D 计划正是由 JCS1067 脱胎而出，而依照波茨坦会议精神再度修改的 JCS1067 再度投入到 ACC 成立后的美方管制机关运作指导中，起了至关重要的作用。② 值得注意的是，从罗斯福的“非军事化”主张、“摩根索计划”到 JCS1067 这一对德强硬政策的发展过程来看，美国对德惩罚的重心离开了“非军事化”因素而愈加倾向于经济。尤其是工业方面的削弱，并以此作为其他惩罚措施的基础，而主张对德温和的国务院等部门更是从始至终将德国工业经济视为关键。在未来的盟管工作中，美方管制当局对经济，尤其是工业发展的格外关注和紧张也就不足为奇了。

二、英国

相比之下，英国对德惩罚思想的形成则要平稳得多。这源于

① 迈克尔·鲍尔弗、约翰·梅尔：《四国对德国和奥地利的管制 1945—1946 年》，第 37 页。

② 后来担任盟国对德管制委员会协调委员会的克莱曾评价道：“经波茨坦修改的 JCS1067 是可行的，许多 JCS1067 的内容被引入盟国管制委员会的法律和章程……要是没有 JCS1067，我不知道军政府怎么能有效地建立起来。”参见：John Gimbel, *The American Occupation of Germany*, Stanford University Press, 1968, p. 2.

英国社会对德国普遍一致的态度。历史上与德国多次打交道的经验和一战所留下的教训，让英国人普遍认为德国人的麻烦并非仅仅是纳粹主义，而是德国的“民族性”问题，更明确地说，是植根于德意志民族内部的普鲁士军国主义传统。丘吉尔就曾针对此在下议院发言，称德国人“自己不珍惜自由，但看到别人自由却极其愤恨。……德国的核心是普鲁士……纳粹暴政和普鲁士是德国生活中必须彻底摧毁的两个因素，如果欧洲和全世界要避免更可怕的第三次战争，上述两个因素必须连根拔除”。[①] 既然问题出在“民族性”上，那么削弱德国经济、非纳粹化、巨额赔偿也就成了治标不治本的苦药，英国人在对德处理上追求的是“思想上而非身体上的变化……是通过占领区军政府，采取一切可能手段，清除那些建立在德国权威主义和军事政治体制基础上的观念，代之以英国及其大西洋彼岸后裔的伦理、哲学和政治信念”[②]。可见，英国提出的治本之法，就是向德国移植英国式的民主。这源于英国对自身制度的自信：“我们的民主是世界上最强有力的民主，它源于我们的特性和我们的民族，在英国的土壤中繁荣茂盛。我们将输出它，精心护理它，使它能在不同的国土上开花结果、焕发青春。”[③]

由于这一立场，英国对强硬政策不感兴趣。丘吉尔曾明言：“我们不是为了同这样的民族过不去而打仗的。”[④]英国觉得对德

---

① 迈克尔·鲍尔弗、约翰·梅尔：《四国对德国和奥地利的管制 1945—1946 年》，第 54—55 页。

② Nicholas Pronay and Keith Wilson (eds.), *The Political Re-education of Germany & Her Allies*, Croom Helm, 1985, p. 1.

③ 转引自张沛：《凤凰涅槃——德国西占区民主化改造研究》，第 29 页。

④ 迈克尔·鲍尔弗、约翰·梅尔：《四国对德国和奥地利的管制 1945—1946 年》，第 55 页。

惩罚过于严厉，只会使得占领者与被占领者间的关系恶化，从而重演一战后的悲剧；同时，过分削弱德国也不符合英国向来秉持的欧洲“大陆均势”政策。丘吉尔曾就英国对德经济方针说明：“我的脑海里浮现出饥饿不堪的德国的魔影……我们是安稳地坐在那里说‘你们活该挨饿呢’，还是想法子去让他们活命呢？如果让他们活命，这笔钱由谁来付？如果你有一匹马，要它拉车，你就得喂它一些粮草。”①可以看出，丘吉尔不但无意削弱德国经济，还打算由盟国向战后德国“输血”救济。因此，当魁北克会议上丘吉尔听到“摩根索计划”时，他大吃一惊，并发出了“一连串的花言巧语、讽刺挖苦和猛烈抨击”，称摩根索是“要把他同一具僵尸拴在一起”。② 在1943年年末的德黑兰会议上，他甚至表示对德国的经济恢复很感兴趣，与他的美国盟友完全背道而驰。1945年2月的雅尔塔会议上，他强烈反对苏联对德国提出的巨额赔款要求，这同样触动了当时苏联的对德政策底线。

鉴于这一状况，英国始终拒绝将JCS1067作为英美两国的共同政策。为此，1944年10月，英方自行颁布了《英国在德手册》，规定38条指令：摧毁纳粹主义、军国主义，消除纳粹影响；维持法律秩序；禁止英国军队与德国民众间的友好行为；由英国监管下的德国自治政府来解决战后问题；进行宣传管制；控制经济金融，在较低水平上恢复德国的基础结构与和平经济。③ 总体来讲，这一手册较

① 迈克尔·鲍尔弗、约翰·梅尔：《四国对德国和奥地利的管制1945—1946年》，第56页。

② 罗伯特·达莱克：《罗斯福与美国对外政策：1932—1945》下册，第673页。

③ Barbara Marshall, “*The Democratization of Local Politics in the British Zone of Germany: Hanover 1945 - 1947*”, *Journal of Contemporary History*, Vol. 21, 1986, p. 413.

JCS1067要温和许多,更近于美方《德国军政府手册》的主张,并不要求彻底打破德国的工业结构,转变德国经济形式,且对德国人保持了很大程度的信任。事实上,这一手册正是英国反对过分削弱德国经济的吁求与其他盟国严惩德国政策的折中产物。丘吉尔就此曾于1945年1月对英国外交大臣艾登(Robert Anthony Eden,1897－1977)说:“每当‘重新扶助苦难德国’的政策引起我从感情深处发表意见时,我便处处受到了打击,我很明白关于‘欧洲的心脏不能让一个中毒的社会存在’的论据。”[①]为了与盟国达成一致,英国不得不在自己的立场上做出一定让步,但较之其他盟国的对德政策而言,仍显出浓厚的温和色彩。这种让步无疑正是后来的盟国对德管制委员会所秉持“四国一致”原则在当时同盟友谊合作关系下的体现。与美国在罗斯福去世后的政策变化不同,英国的对德政策在丘吉尔卸任后并未发生根本改变,艾德礼(Clement Richard Attlee,1883－1967)与贝文(Ernest Bevin,1881－1951)分别继任首相及外交大臣后,以“民主化”和恢复德国经济为主的方针并未有根本性的变化,构成了ACC时代英方管制当局对德活动的准绳。

三、苏联

较之美英,苏联在对德惩罚方针上显得简单实际。赔款与安全是苏联处理德国的两大目标,而对于饱受战争苦难而满目疮痍

---

① 丘吉尔:《第二次世界大战回忆录6·胜利与悲剧》,斯祝译,海口:南方出版社,1995年,第410页。

的苏联政府而言，前者的要求尤为迫切。二战使得2666万苏联公民丧生[①]，1710个城镇被破坏，7万多村庄被烧毁，32000个工业企业、65000千米铁路化为废墟，直接经济损失达7000亿卢布之巨；工业发达的西部地区更是长期沦陷德军之手，损失尤为惨重。[②] 为了恢复工业潜力，苏联急需德国的大量赔款、鲁尔煤矿资源以及专家、技术。与美国以“非工业化”为基础消除德国纳粹主义、军国主义的“摩根索计划”异曲同工的是，苏联认为可以通过大量特殊方式的经济赔偿来实现这一点。苏联将德国的上层阶级——容克地主及工业寡头看作纳粹战争机器的发动者；因此他们认为，能够有效消除其财力与影响的经济赔款将有利于削弱德国，延缓其凭借工业产能重新武装的速度，从而保障苏联的安全。而能够达到这一目的的最佳赔款方式，就是以没收生产资料及生产成果的手段取代一战后的资金赔偿方法。早在1942年，斯大林就提出实物赔偿，特别是用机床赔偿，并指明“上一次”的错误就在于索取现金，苏联不会再犯这一错误。[③] 之后在雅尔塔会议的二次会谈中，苏联驻英大使迈斯基(Ivan Mikhaylovich Maysky，1884 – 1975)表明了苏联政府的赔款立场，提出了两种赔偿类型：1. 拆迁工厂设备，在两年内完成；2. 从现有产品中抽取工业制成品，持续十年。这两项赔偿加起来总计达200亿美元，其中苏联获50%；为了达到用赔款削弱德国的目的，苏联还要求把德国的重工业减少80%。迈斯基保

---

① 参见 http://military.china.com/zh-cn/news2/569/20050509/12296041.html.

② 德·安·沃尔科戈诺夫：《斯大林》下册，张慕良等译，北京：世界知识出版社，2001，第1186—1187页。

③ 迈克尔·鲍尔弗、约翰·梅尔：《四国对德国和奥地利的管制1945—1946年》，第64页。

证苏联的赔偿方案不会导致德国人民的生活水平低于其他中欧国家。[①] 但如前所述,这一方案遭到了丘吉尔的强烈反对。对于丘吉尔反对经济削弱德国的"马得喂草"的理论,斯大林反唇相讥,称"一定不要让马踢你一脚"。[②] 苏联在赔款问题上态度之强硬可见一斑。

最终在 1945 年 2 月 7 日的外长会议上,苏联外长莫洛托夫(Vyacheslav Molotov,1890 – 1986)提交了苏联的正式书面文件,再次明确要求德国赔款 200 亿美元,并以一半份额赔偿苏联。英美不得不同意"应苏联建议,将 200 亿美元作为讨论基础"。[③] 虽然美国事后曾多次尝试与苏联洽谈以改变这一份额,但均被苏联严词拒绝。显然,不主张削弱德国经济的英国是不可能支持实现这一要求的;而美国虽然主张对德国进行"非工业化"改造,但也不认为德国能够承受如此高额的赔款;且这类赔款基于德国掌握的生产资料和产品实现,实际上也就默许了德国可以在战后进行以赔款为目的的工业生产,这与"非工业化"的主张从根本上背道而驰。而事实上,自美国提出"摩根索计划"以来,苏联便一直反对此类意见,正是考虑到对德国进行"非工业化"改造会影响自己赔款要求的实现。三方的分歧使得这一问题陷入僵局。直到 1945 年 7—8 月的波茨坦会议上,美国国务卿贝尔纳斯(James Byrnes,1882 – 1972)提出各国在各自占领区内征收赔款,并允许苏联从西占区获

---

① Robbert Maddox, Robert Maddox, "Reparations and Origins of the Cold War", *Mid-America: An Historical Review*, Vol. 67, (October 1985), p. 128.

② 迈克尔·鲍尔弗、约翰·梅尔:《四国对德国和奥地利的管制 1945—1946 年》,第 65 页。

③ Robert Maddox, "Reparations and Origins of the Cold War", *Mid-America: An Historical Review*, Vol. 67, (October 1985), p. 130.

得15%的工业设施作为赔款,该问题才得以解决。①

苏联以赔偿为重点的对德处理政策,实际上与美国类似,也是一种通过削弱经济来钳制德国的策略。但较之而言,赔偿政策应对苏联本国需求的成分要比以此改造德国的意愿大得多,而从生产资料及工业产品中限制德国工业潜力的方法也更为直截了当。但是,苏联所要求的巨额赔款也使得这一要求成了其他盟国难以响应的倡议,毕竟没有哪个战胜国会心甘情愿为德国掏钱给苏联。后来的事实证明,贝尔纳斯的建议并不足以解决这一问题,ACC架构下的各国盟管当局始终为此争议不断。但这也从另一方面表明,赔偿问题在整个ACC存在过程中都是苏方盟管当局所关注的一大要务。

四、法国

在参与盟国对德管制委员会的四大盟国中,法国由于曾被德国占领,因此对德处理方针形成得最晚,也最为独特。这一方面是德国对法国安全威胁最大,战时破坏最深,法国民族复仇感极为强烈的缘故;另一方面也是三大国在对德决策时长期排挤法国所逼出来的结果。

早在巴黎光复前一月,1944年7月25日,戴高乐将军便宣布:"为了使法国的复兴成为可能,必须消除日耳曼主义的侵略势力……不许可再次建立中央集权的德意志帝国!……这是防止德

① 冯琪:《苏联对德国的政策与德国的分裂(1945—1955)》,硕士学位论文,中国社会科学院,2005年,第17页。

国危险势力再起的首要条件……假使日耳曼民族的每一州可以独立存在，各州按照自己的方式管理自己的事务，处理自己的利益，就很可能避免这样组成的联邦走上奴役的道路。如果把作为战略物资来源的鲁尔区置于国际管制的特殊制度之下，就更容易防止这个联邦走向奴役邻国的道路。其次，莱茵兰当然要由法、英、比、荷四国军队占领……最后，一定要使萨尔自成一州，完全保持德国特点，而在经济方面则与法国联合，以该区的煤炭抵补对我国的赔偿。"①换而言之，法国对德国的处理方针有四大重点：(1)解散中央集权，建立联邦制松散国家。(2)鲁尔区由国际共管，保证鲁尔的工业生产力不再成为德国战争机器的发动机。(3)莱茵兰实行共同占领，保证法德边境要地安全。(4)经济上吞并萨尔，用萨尔的煤矿恢复法国经济。可见，法国的政策实际上就是要在政治、军事、经济上全面彻底地消灭德国，使之成为多个不再具备发动战争能力的小国，从而完全解除对法国的威胁。戴高乐的这一旨在多方位分裂德国的决策获得了法国社会一致的拥护，因为经历过德国占领的法国各派别都认可这一原则："战后的解决方案必须要保证1940—1944年法国所面临的现实威胁永不再发生。"②出于这一急切的安全原因，法国的这四项要求几乎都是即时性的，均要求立即一次性付诸实现，而不像美国的"非工业化"、英国的"民主化"以及苏联的赔款要求这些主导方针一样具有循序渐进的特点。用戴

---

① 戴高乐：《战争回忆录》(第三卷)，陈焕章译，北京：中国人民大学出版社，2005年，第46页。

② Franz Knipping, "Que Faire De L' Allemagne? French Policy Toward Germany, 1945 - 1950", in Haim Shamir (ed.), *France and Germany in an Age of Crisis*, 1900 - 1960, New York, 1990, p. 67.

高乐的话说:“德国应有的结构形式必须是和平的,而且必须在‘天火’把铁烧得柔韧的时候来锻造它。”①

然而与戴高乐“趁热打铁”的劲头相反的却是三大盟国外交上对法国的长期排斥。1944 年 9 月的魁北克会议,英美并未通知法国方面;10 月丘吉尔、艾登与斯大林、莫洛托夫的协议也未将内容知会法方。这对于刚刚在 8 月 25 日实现巴黎光复、10 月建国的法国人来说无疑是泼了一盆冷水。戴高乐判断盟国存在排斥法国的倾向。② 对此,戴高乐抱怨称:“因为我们在共同战斗中遭到了这种削弱,他们在采取任何决策时总是要把我们撇在一边,哪怕是在最轻微的程度上亦是如此,我们认为这是不公正的,也是不可容忍的。”③

为了打破这种局面,戴高乐寄希望于让法国积极参与对德管制,“实际上,德国的命运是世界的中心问题”④,此举旨在通过参与解决德国问题提升法国的国际地位。为此,他以“不合作”来要挟三大盟国在对德问题上重视法国:“无论是关于德国领土的占领问题,对被占领地区的德国人民应采取的行政制度和他们将来应确立的制度问题,也无论是关于东西南北国境的确定问题,或者应采取的军事、经济和思想方面的管制措施问题,以及关于可能脱离德国的居民的命运问题,只有在法国参加的情况下做出的决定,我们才准备执行。”⑤他在与苏、美、英三国首脑的洽谈中也一再地强

---

① 戴高乐:《战争回忆录》(第三卷),第 211 页。

② 戴高乐:《战争回忆录》(第三卷),第 48 页。

③ 迈克尔·鲍尔弗、约翰·梅尔:《四国对德国和奥地利的管制 1945—1946 年》,第 60 页。

④ 阿尔弗雷德·格鲁塞:《法国对外政策(1944—1984)》,第 27 页。

⑤ 戴高乐:《战争回忆录》(第三卷),第 56 页。

调自己的上述四点要求，力求给其留下印象。

但戴高乐的计划拘泥于以往欧洲法德争锋的历史，没有顾及美苏崛起及其在德的利益要求，不符合二战后欧洲格局的根本变化；而法国刚刚复国便挑战三大国通过一系列重大国际会议确定下来的既有对德政策，且提出如此之高的价码，本身也不适合欧洲力量的现实对比。从四点要求可以看出，法国是唯一始终坚持分裂德国并将其作为对德基本方针的国家，其他三国早期虽也提出过各种分裂德国的方案，但在法国提出此四点要求时，三国早已达成协议，对德国实行后将述及的“全盘占领”政策，以 ACC 进行至少是名义上的统一治理，并且将之作为一项宣传手段大加渲染。① 法国此时提出这一分裂德国、破坏其统一管理体制的对德政策，无疑是冒天下之大不韪，更不可能得到盟国的响应。戴高乐后来也承认：“我非常清楚，这样的问题绝不会像自己所希望的那样完全实现。”②

在这样的情况下，法国的要求显然是无法得到满足的，那么它为何不做出退让以换取妥协呢？解答这一问题的转折点发生在同样没有法国参与的雅尔塔会议上，英美为法国争取到了在德占领区与盟国对 ACC 成员之一的位置。这一举动给法国打了一针外交地位上的强心剂，同时也给予了它 ACC 成员这张底牌。然而，让法国人想不到的是，法国之所以能在德国立足，是因为雅尔塔的妥

① 1945 年 5 月 9 日，斯大林就曾在《告德国人民书》中宣布：“苏联欢呼胜利，然而它无意肢解和摧毁德国。”以向德国民众单方面示好。可参阅：阿尔弗雷德·格鲁塞：《法国对外政策（1944—1984）》，第 28 页。

② 戴高乐：《战争回忆录》（第三卷），第 48 页。

协,其代价之一就是不让它参加波茨坦会议。[1] 原本以为已经摆脱了外交窘境的法国这次反应非常强烈,为此再度拾起了“不合作”的旗帜,法国政府宣布,他们不受任何未经法国同意的决定的约束[2]。于是 ACC 初期的噩梦便开始了:法国,亦即 ACC 四大成员之一,竟不承认该委员会任务及活动方针的基础协议。摆脱了《波茨坦协定》束缚,同时又身为 ACC 成员的法国借此机会,开始在法占区自由推行自己的对德政策,而先前四点要求中不允许德国建立中央政府、经济上吞并萨尔这两项,成为法方管制当局在盟国对德管制委员会中展开活动的主要宗旨。

综合考察,二战后期四大盟国所形成的对德处理指导方针可谓各有千秋,但美国以“非工业化”为重点的 JCS1067,英国强调“民主化”与维持德国经济的《英国在德手册》,苏联的巨额赔款主张,乃至法国防止德国出现以统一中央政权为基础的四点要求,都存在着解除德国安全威胁、经济上改造德国、消除德国政治中纳粹与军国主义的因素,它们的区别仅仅是方法、途径上的不同而已。基于这些指导方针中蕴含的共同需求,加之对德处理必然要在德国全境实施,方可达到完全改造德国的成效,因此 ACC 在四大盟国外交合作中的产生也就成为可能,更为德国的全面接受改造创造了前提条件。当然,随着这些指导方针上的分歧在 ACC 的运作中逐渐暴露出来,ACC 内部的合作关系乃至本身命运的曲折变化,也是可想而知的。

---

① 迈克尔·鲍尔弗、约翰·梅尔:《四国对德国和奥地利的管制 1945—1946年》,第 200 页。

② 迈克尔·鲍尔弗、约翰·梅尔:《四国对德国和奥地利的管制 1945—1946年》,第 63 页。

第二节　欧洲咨询委员会与盟国对德管制委员会的建立

如果说各国在二战后期各自形成的对德处理方针提供了推进盟国对德管制委员会建立的动机，并且为日后各国盟管当局在ACC中的合作关系变化埋下了伏笔，那么ACC建立的筹备工作，则与欧洲咨询委员会（EAC）的历史经验及其所制定的“全盘分区占领”制度的形成息息相关。

一、欧洲咨询委员会的建立及其“全盘分区占领”制度的形成

1944年下半年，盟军即将开进德国，战争形势日渐明朗，同盟各国当时即已着力筹划对德的战后军事占领。而其大多数方案均由1944年年初建立的欧洲咨询委员会做出。EAC既是ACC方案的具体制订者，同时也是组织前身。因此要解释盟国对德管制委员会的建立，就必须先对EAC做一个详尽分析。而阐释EAC对ACC建立所起的作用，实际上也就是要阐述EAC所提出的“全盘分区占领”制度的形成。

需要说明的是，出于遏制德国及地缘政治考虑，实际上美、苏、英都曾提出过形形色色的分割占领德国的方法，法国更是把分裂德国作为其对德管制政策的基础。但是，盟国对德管制委员会成

立所依凭的，却是与之截然相反的“整体占领”构想，亦即将德国视为一个统一整体进行占领。也正是基于“整体占领”构想及盟国共同参与的“分区占领”体制组成的“全盘分区占领”制度，使得ACC得以在各大盟国互不相同的对德方针之下得以建立。

1943年夏，英国政府授命副首相艾德礼负责考虑对投降后的德国做出占领方面的安排，全面占领德国的想法便是在此次研究中首次得出的，其目的在于确保盟国处于有利地位，促进盟国对德改造方针的实现。[①] 该设想要求把德国划分为数个区，每个区由一个大国占领，从而使整个德国得以被各盟国共同占领，保证盟国能有力地强制执行其拟订的各项措施——这既能防止占领区过大导致占领方力不从心，也能杜绝因将德国分割成太多部分而引发千头万绪的问题。但是由于局势需求尚不迫切，这一主张当时被搁置了下来。

然而仅仅半年之后，情况便发生了改变。盟国之间有关战后德国占领问题的讨论，随着战局进展而如火如荼地进行。在1943年10月30日的莫斯科会议上，苏、美、英三国外长莫洛托夫、赫尔、艾登讨论建立欧洲咨询委员会并召开德黑兰会议，以就战后德国政治问题向三国政府提供建议。在1943年年底的德黑兰会议上，由于意见的分歧，三巨头决定把德国占领问题移交EAC解决。[②] 1944年1月14日，EAC正式在伦敦兰开斯特宫建立，筹划战后受降及占领事宜。组成人员有英方代表威廉·斯特朗（William

---

① 迈克尔·鲍尔弗、约翰·梅尔：《四国对德国和奥地利的管制1945—1946年》，第48页。

② Wolfgang Schlauch, “American Policy toward Germany, 1945”, *Journal of Contemporary History*, Vol. 5, No. 4. (1970), p. 114.

Strang,1893 – 1978)、美方代表约翰·G· 温特(John G. Winant, 1889 – 1947)、苏方代表费奥多尔·T·古瑟夫(Feodor T. Gousev)。1944 年,基于德黑兰会议将德国部分领土划分至波兰,以奥得河—尼斯河为界的精神,EAC 就德国问题做出提案:(1)将德国划分为三占区,由三国各自占领。(2)建立盟国对德管制委员会,在三国一致的情况下采取行动,并提出了建立行政管制机制的草案。(3)对柏林采取同样的三区占领。"全盘分区占领"制度在 EAC 的这一方案中已现雏形。

1944 年 1 月 3 日,EAC 的运作保障委员会宣布:"要认识到的是,鉴于德国预计中的混乱局势,无论德国在进军并建立起军事管制前后是否投降,在德国的先期军事管制是在所难免且理所应当的。"①之后它进一步建议建立美、英、苏三方合作机构以管理第三帝国投降后的德国事务。当时 EAC 并未明确将盟军全盘占领的主张作为它推荐的最佳行动方案,该计划基本上只是要求建立一个三国占领军的联动机构来解决战后德国的混乱问题。直到 1944 年 1 月 14 日 EAC 首次大会上,英方 EAC 代表斯特朗首次提议对德国进行全盘占领,以类似于一战后各国对莱茵兰的共管方式来管理战后德国。斯特朗相信,进行全盘占领,能在战后维持德国秩序的过程中杜绝对前纳粹分子的依赖,使各盟国可以直接参与到德国的改造过程中。他还认为,这更有助于让德国民众认清战败现实,有利于盟国军政府在德国推行惩罚政策。但当时反对全盘占领的

---

① "Memorandum of the Working Security Committee, January 3, 1944", *Foreign Relations of the United States* 1944: *General*, Vol. 1, Washington: Government Printing Office, 1966, p. 102.

主要观点指出,这种措施将使同盟国背上占领区巨大的经济负担,也会使德国民众遭受苦难的时间更为长久,可能激发新的复仇思想。会议最终决议认为,全盘占领至少在最初阶段是最为有利的。① 1944 年 8 月,美国政府率先建立起对德管制委员会美方团体,其作用是作为 EAC 内部联系团体筹划未来对德国的占领。该团体以陆军准将——EAC 美国军事顾问科尼利厄斯·温德尔·维克沙姆(Cornelius Wendell Wickersham,1884 - 1968)为主席。1944 年 11 月 14 日,EAC 发表《欧洲咨询委员会报告》(*The Report of European Advisory Commission*),明确提出它对于未来在德受降及管制机制的具体意见。② 同日,三国代表就该方案起草《对德管制机制协议》(*Agreement on Control Machinery in Germany*)③,并在 11 月 25 日拟成《对德管制机制协议条款》(*Article of Agreement to control machinery in Germany*)④,对德管制机构的组成及功能得到了基础性的认定。它明确提出:"德国的最高权力将由美利坚合众国、联合王国及苏维埃社会主义共和国联盟的武装力量总司令在各占领区内,遵照各国政府训示予以行使。关于涉及德国全部的事项,依照其在当前协议下所规定的最高管制机关成员的身份共同处理……三名总司令依照一致原则行动,组成名为管制委员会的最高管制机关。"

---

① "Memorandum by the United Kingdom Delegation to the European Advisory Commission: The Military Occupation of Germany, January 15, 1944," *Foreign Relations of the United States* 1944: *General*, Vol. 1, pp. 140 - 154.

② 译文参见附录(1)。

③ 译文参见附录(2)。

④ *Article of Agreement to control machinery in Germany*, Scanned original document at the Franklin D. Roosevelt Presidential Library and Museum, http://docs.fdrlibrary.marist.edu/psf/box32/t298h02.html.

二、欧洲咨询委员会向盟国对德管制委员会的过渡

虽然纸面协议业已达成，但随着纳粹德国日趋败亡，威廉·斯特朗认为德国将经历一场全盘崩溃，全盘占领管制将无可避免，应当尽早采取实际行动。他甚至提议在德国投降前就提前起草一份盟军军政府声明，接手权力以防骚乱，避免德国境内出现无政府局面。① 但在当时情况下，该计划是被美苏两国代表所忌惮的，因为这意味着盟国将在战争还未结束的情况下承担额外负担，不符合美苏当时的对德政策和各自利益。对德管制机制的落实工作不得不按部就班地慢慢推进。1945 年 2 月，雅尔塔会议批准了 EAC 前述《对德管制机制协议》及划分各盟国在德占领区的《德国占领区和管理大柏林》(*On the Zones of Occupation in Germany and the Administration of Great Berlin*)②两份重要文件，通过了 EAC 的关于德国无条件投降和处置战败德国的总原则，表示要"消灭德国的军国主义和纳粹主义，保证德国从此永远不能破坏世界和平"。为此，决定"成立一个中央管制委员会执行互相协调的行政管理和监督工作，该委员会

---

① "Memorandum by the United Kingdom Representative on the European Advisory Commission (Strang), March 30, 1945", *Foreign Relations of the United States* 1945: *European Advisory Commission*; *Austria*; *Germany*, Vol. 3, Washington: Government Printing Office, 1968, pp. 208 – 209.

② "On the Zones of Occupation in Germany and the Administration of Great Berlin, November 14, 1944", *Foreign Relations of the United States* 1945: *Conferences at Malta and Yalta*, Washington: Government Printing Office, 1955, pp. 121 – 127.

由三国军队总司令组成,地点设于柏林”[1],初步界定未来盟国对德管制委员会所应承担的任务及行使管制权力的基本形态。之后,雅尔塔会议上,对德占领方案发生了一项重大变化,亦即法国的加入。经过三国协商,斯大林同意美英分出部分占区交给法国管辖。由此,法国加入未来的ACC体系,对德占领由三国改为四国。[2] ACC下辖四国占领当局这一“全盘分区占领”的总体格局由此定型。

与此同时,德国本身的局势也发生了急剧变化。1945年4月30日希特勒死后,卡尔·邓尼茨(Karl Dönitz,1891－1980)依照希特勒的遗嘱成为了德国总统。他授权阿尔弗雷德·约德尔(Alfred Jodl,1890－1946)于5月5日在兰斯签字,宣布德国全部军队于1945年5月8日无条件投降。他还试图建立一个在冯·克罗希克(Johann Ludwig Graf Schwerin von Krosigk,1887－1977)治下的新政府,但这一政府未获同盟国承认,邓尼茨及其他政府成员也在5月23日被英军逮捕。当时同盟国远征军最高指挥部所采用的对德受降机构坐落于兰斯,这是仿照一个不久前在意大利接受德军投降的机构而仓促成立的。[3] 换言之,盟军最高指挥部实际上并未采用EAC所起草的对德受降计划,约德尔代表邓尼茨所签下的文件与

---

① “Report of the Crimea Conference: Ⅱ. The Occupation and Control of Germany, February 11, 1945”, *Foreign Relations of the United States* 1945: *Conferences at Malta and Yalta*, p. 970.

② 《雅尔塔会议公报》中相关内容译文参见附录(3)。

③ Earl F. Ziemke, *The U. S. Army in the Occupation of Germany* 1944－1946, Washington: Government Printing Office, 1990, p. 256, Library of Congress Catalog Card Number 75-619027. http://www.globalsecurity.org/military/library/report/other/us-army_germany_1944-46_index.htm. First Printed 1975-CMH Pub 30-6.

EAC 毫无关系，仅仅是一份军事投降书而已，在民事政权问题上并不具备有效性。① 这就使同盟国面临一个合法性问题：尽管德国武装部队已经无条件投降，但德国尚无民事政府参与投降。这被认为是一项紧要事态，因为在 1918 年后，德国右翼势力正是利用了民事政府投降而军队未投降的口实杜撰了“背后一刀”的阴谋论蛊惑群众。② 同盟国自然不希望留给未来的德国政权任何争议口实来重蹈昔日覆辙，故最终决定承认邓尼茨，并要求签署一份四国联合文件以代替先前材料，同时以一个新的四国管制机构取代邓尼茨政府。为应对这一紧迫要求，盟国对德管制机构得以产生。1945 年 6 月 5 日，四占领国的最高指挥官：苏联格奥尔吉·朱可夫元帅、英国伯纳德·劳·蒙哥马利（Bernard Law Montgomery，1887 – 1976）陆军元帅、美国德怀特·艾森豪威尔五星上将及法国让·德·拉特·德·塔西尼（Jean de Lattre de Tassigny，1889 – 1952）将军在柏林宣布成立盟国对德管制委员会；同时，四国政府签署《有关战胜德国的共同宣言》（*Declaration Regarding the Defeat of Germany*，即 1945 年《柏林宣言》），正式废除该国境内一切德国政权：

“苏维埃社会主义共和国联盟、联合王国和美利坚合众国的政府以及法兰西共和国的临时政府，从此承担德国的最高权力，包括德国政府、司令部和任何州、市或地方政府、当局所有的一切权力。为上述目的而承担这些权力，并不构成对德国的并吞。”③

该宣言的公布与 EAC 文件所涵盖的受降机制第四条内容相一

① 迈克尔·鲍尔弗、约翰·梅尔：《四国对德国和奥地利的管制 1945—1946 年》，第 59 页。

② *The U. S. Army in the Occupation of Germany* 1944 – 1946. p. 109.

③ 译文参见附录（4）。

致。第四条宣布："该军事受降法案不损害任何业已施加的总受降机构，并将为之所取代：其或代表联合国，且适用于德国及德国武装力量整体。"①由于第三帝国的一切中央民事权威都已随希特勒死亡、柏林沦陷而消失，因此《柏林宣言》仅仅是将实际情况正式定性而已，并为盟国在德国的军事统治提供了合法基础。值得注意的是，此时通过宣言获得了德国全境管制权的实际上仍是欧洲咨询委员会，而非刚成立且尚未开展活动的盟国对德管制委员会本身，EAC 实际上借此宣言"变装"成了广义而言的"盟国对德管制委员会"，依照其过去所制订的方案开始发挥军事管制的作用。这从其当时的成员构成及任务便可见一斑：EAC 成员从负责外交的文职人员转而由三国对德最高军事长官格奥尔吉·朱可夫元帅、伯纳德·蒙哥马利陆军元帅、德怀特·艾森豪威尔五星上将担任，这三人同样也是盟国对德管制委员会里苏、美、英三国的首任成员。在 EAC 掌权期间，该委员会发布《关于德国管制机构的声明》(*Statement on Control Machinery in Germany*)②、《关于德国占领区的声明》(*Statement on the Zones of Occupation in Germany*)③，依照原有计划将德国疆域削减至 1937 年 12 月 31 日范围，并落实将德国全境及柏林分为四区占领，把四国军队各自控制的地区依照 EAC 计划规定做出了调整，为 ACC 的后续工作铺平了道路。④

---

① Earl F. Ziemke, *The U.S. Army in the Occupation of Germany* 1944 – 1946, p.258.

② 译文参见附录(5)。

③ 译文参见附录(6)。

④ "The Dissolution and Final Report of the European Advisory Commission, August 6, 1945", *Foreign Relations of the United States* 1945: *European Advisory Commission*; *Austria*; *Germany*, Vol. 3, pp.539 – 540.

三、盟国对德管制委员会的正式建立

1945 年 7 月 17 日,波茨坦会议召开。这次会议为盟国对德管制委员会的正式建立放下了最后一块铺路石。美、英、苏三大盟国旨在通过这次会议最终确定 ACC 的在德任务。波茨坦会议最终通过了《管制初期处置德国的原则》①,规定:“按照对德管制机制协议,德国境内的最高权力由美利坚合众国、联合王国、苏维埃社会主义共和国联盟和法兰西共和国占领军总司令遵照该国政府的指令,分别在各自占领区实行;彼等以管制委员会成员的身份,共同处置有关全德事宜。”正式将四国政府通过《柏林宣言》获得的德国主权移交盟国对德管制委员会,从而顺利实现了 ACC 的主权合法化。波茨坦会议结束后,美、英、苏三国领导人旋即重聚柏林,以柏林会议公告形式公布了波茨坦会议中商定的《管制初期处置德国的原则》。该会议公报指出:“德国军国主义及纳粹主义将予以根除,各盟国一致同意,于现在及将来还将采取其他必要措施,使德国永远不再威胁邻邦或世界之和平。”并说明:“盟国无意消灭和奴役德国人民。盟国愿意给德国人民在民主及和平基础上重建其生活的机会。”②实际上也为 ACC 的在德工作定下了基调。此外,尤其值得注意的是在《管制初期处置德国的原则》中的第 14 条:“在

---

① 译文参见附录(7)。

② “Report of the tripartite Conference of Berlin: Ⅲ Germany (The Political and Economic Principles to Govern the Treatment of Germany in the initial Control Period), August 2, 1945”, *Enactment and Approved Papers of the Control Council and Coordinating Committee* 1945, Vol. 1, Berlin: Legal division, legal advice branch, drafting section office of military government for Germany, Berlin, 1945, pp. 18 – 28.

占领期间，德国应被视为一个单一的经济单位。”——至此，有关德国在“全盘分区占领”制度中的定位问题终于得到解答，它被视作ACC下的一个经济整体而存在。而ACC在这一经济体中所承担的主要任务，便是《管制初期处置德国的原则》中所规定的对德处理精神，亦即我们所熟知的4D计划：非军事化、非工业化、非纳粹化与民主化。至此，ACC正式建立并开始运作的准备工作才算全部完成。波茨坦会议结束后，欧洲咨询委员会完成其战时任务，组织解散，开始向盟国对德管制委员会让渡权力。

8月5日，ACC的四位成员，朱可夫、蒙哥马利、艾森豪威尔及法国的马利·皮埃尔·柯尼希（Marie Pierre Koenig）①将军联名签署了《管制委员会第1号公告》（Proclamation No. 1: *Establishing Control Council*）②，向公众宣布ACC正式建立并开始管制工作。③ACC终于跃出纸面，真正登上了历史舞台。

纵观从EAC到ACC的这段变迁历程，深思之余不免有所质疑：这种以“全盘分区占领”为基础建立的管制机制，为何会被各盟国接受？再考虑到上一节所显示的各国对德处理方针所存在的偏差，这一点更是匪夷所思。即便四国都存在“非军事化、非纳粹化、

---

① 有趣的是，原先任法国驻德最高军事长官的让·德·拉特·德·塔西尼（Jean de Lattre de Tassigny, 1889－1952）恰好于7月份调任。而盟国对德管制委员会理论上从6月5日发布《柏林宣言》时便已在法理上存在，且成员由四大盟国占领区最高军事长官担任，故塔西尼也被认为曾任ACC成员。因此，柯尼希将军以盟国对德管制委员会法方第二任成员的身份见证了ACC的正式建立。塔西尼与柯尼希将军交接的具体情况可参阅：戴高乐：《战争回忆录》（第三卷），第207页。

② 译文参见附录(8)。

③ *Enactment and Approved Papers of the Control Council and Coordinating Committee* 1945. Vol. 1, Compiled by Legal division, legal advice branch, drafting section office of military government for Germany, Berlin, 1945, p. 44.

非工业化、民主化”的共同改造要求，也只能说是提供了合作的可能，为何非要通过盟国对德管制委员会这种整体占领性质的平台来实现呢？其中原因固然不是凭盟国战时友谊关系便可解释得清的，而是各国利益追求与外交博弈的结果。

从支持“全盘分区占领”最为积极的英国来说，这一制度实际上是实现他们反对削弱德国主张的最佳途径。英国敏锐地看到，德国的变化势必会造成欧洲局势的改观。作为“大陆均势”政策的继承者，英国并不愿意看到德国真的从地图上被抹除。通过“全盘分区占领”所建立起的ACC虽然属于各国管控之下，但名义上仍是一个统一的主权实体，可以避免德国在被多国占领后落入分崩离析的境地，保留了德国作为统一民族国家在接受改造后获得重生的可能。此外，在战争中实力已日渐薄弱的英国急切地感受到，自己已无力承担对德占领任务，不得不求助于他国。英国原来的计划是由英美双方联合占领德国西部，①但这一方案既不被美国人接受，②也有着被苏联误解为抛弃战时友谊搞私下串联阴谋的危险。③ 这就足以解释丘吉尔为何在雅尔塔会议上转而积极地为法国人谋求占领区及ACC成员资格了——当时恰逢罗斯福对外声称美军在德占领期限将仅限两年④，丘吉尔对此辩称：“如果美国人离开欧洲，英国就不得不单枪匹马地占领整个德国西部。这样一个

---

① 迈克尔·鲍尔弗、约翰·梅尔：《四国对德国和奥地利的管制1945—1946年》，第59页。

② 迈克尔·鲍尔弗、约翰·梅尔：《四国对德国和奥地利的管制1945—1946年》，第24页。

③ 迈克尔·鲍尔弗、约翰·梅尔：《四国对德国和奥地利的管制1945—1946年》，第59页。

④ Robert E. Sherwood, *Roosevelt and Hopkins: an Intimate History*, p.849.

任务是远非我们所能胜任的。”[①]而这种将“整体占领”与“分区统治”相结合的形式无疑是最好的幌子，既能达成英国与他国的合作占领，也可以拉近苏联以防造成口实。而 ACC 以后的事实也说明，英国往往倾向于同美国采取同一立场。

对于“全盘分区占领”这一形式，美国也有着自己的理解。实际上早在 1943 年 7 月，美国国务院就提出了《H-24 德国：分割》文件，明确表示倾向统一占领，不赞成任何肢解方案。[②] 1944 年 1 月，艾森豪威尔将军也曾向罗斯福总统表示他倾向采用盟国共同占领的方法，至少英美不要分家。[③] 但由于罗斯福一贯的对德强硬主张，这些建议被视作软弱之举而遭搁置。美国在 EAC 的磋商也同样受到罗斯福禁令的影响，在 1944 年 10 月后就由原来的积极态度陷入停滞状态，直至罗斯福 1945 年 4 月去世后才得以解冻。而这时，时间上已不允许美国人对 EAC 业已形成的意见做出太多修改了。因此，美国对于“全盘分区占领”制度的态度就是尽力依照美国的对德方针予以适应（这也正回答了为何日后美国对 ACC 的主张推行最为积极）：一方面，美国希望通过这一“整体占领”能够将自己“非工业化”、在德国建立美式民主的主张扩展到整个占领区——毫无疑问，波茨坦会议中 4D 计划的确立证明他们在这一点取得了名义上的成功；另一方面，美国此时认为，就二战后的世界前景而言，美苏友谊至关重要，取信于苏联是二战结束初期美国外

---

① 丘吉尔：《第二次世界大战回忆录 6 · 胜利与悲剧》，第 414 页。

② 张沛：《凤凰涅槃——德国西占区民主化改造研究》，第 20 页。

③ Dwight D. Eisenhower, *Crusade in Europe*, London: Heineman, 1948, p. 218.

交的一大要务①;而要维系美苏间的战时同盟关系,实行"全盘分区占领"的 ACC 无疑正是极佳的载体。

为何苏联会接受 ACC,同意将德国作为一个整体予以占领?这是争议最大的。历来对此的解释大多侧重于政治方面,将之归因于苏联领导人以德国为据点向欧洲传播共产主义的企图。诚然,早在苏维埃俄国诞生之时,列宁就曾预言"谁掌握德国谁便掌握欧洲",②在当时的莫斯科,也确实存在以日丹诺夫(Andrei Alexandrovich Zhdanov,1896 - 1948)为首的一批人,主张将苏联的对德占领作为基础来积极筹备共产主义对德国西占区的征服,进而实现整个西欧的共产主义化,依靠优越的社会制度消弭战火。他们深信,社会主义革命可以使欧洲避免类似二战的大规模战争——迈斯基就曾在 1944 年 1 月 11 日给莫洛托夫的《关于未来和平的最佳基本原则》中提出:"使欧洲,至少是欧洲大陆,得以成为社会主义的欧洲,从而根除在世界这个地区爆发战争的根源。"③有关苏联有意借德国占领问题拓展共产主义的观点,往往会引用这样一个例子来证实——斯大林曾表示如下看法:"这次战争与过去的不同,谁占领了一片领土,就将自己的社会制度,在这片领土上实行。每一个国家都在其军队所及的范围内,推展自己的制度,没

---

① 1945 年 7 月盟国远征军最高司令部的解散便体现了美国打消苏联疑虑,为盟国管制委员会共同管制让步的诚意。

② Avi Shlaim, "The Partition of Germany and the origins of the Cold War", *Review of International Studies*, Vol. 11(1985), p. 124.

③ 沈志华总主编:《苏联历史档案选编》,北京:社会科学文献出版社,2002 年,第 16 卷,第 685 页。

有例外。”①就这类目的来看，一个统一的德国无疑更利于计划的迅速开展。但我们也要清醒地看到，这是脱离当时实际情况，依据“冷战”时期苏联的扩张思维倒推分析所得出的结果。上述斯大林的言论是在1945年4月接见南斯拉夫代表团，谈到东欧的新形势时发表的，与苏联在对德占领问题上的立场并无直接关系。二战后期，苏联的主流意见并无将共产主义扩展至德国的意图，更确切地说，并非他们“不想”，而是他们认为德国人“不配”。斯大林就曾揶揄称：“共产主义不适合德国，就像马鞍不配安在牛背上一样。”②苏联的领导集团在送流亡莫斯科的德国共产党人回国之时，也未乘此良机要求他们在德扩展社会主义政治，反而警告他们说：“在德国，政治目标不在于实现社会主义或者发展社会主义。相反，这些必须作为有害的倾向而受到谴责抵制……在目前条件下，社会主义方式纯粹是蛊惑人心的一种方式……”③甚至连占领区的苏联军官都向美国人断言：“我们肯定不打算把共产主义这样高尚的理想带给那样的人民。”④可见，认为苏联在战争后期一开始接受ACC，就全然是为蓄意利用其“整体占领”性质进行政治扩张的看法，是不符合当时实际情况的。

真正的主要原因实际上依然落在经济赔偿与安全这些问题

① 约瑟夫·诺吉、罗伯特·唐纳森：《苏联二次大战后的外交政策》，黄宗浩译，台北：幼狮文化事业公司，1984年，第67页。

② 迈克尔·鲍尔弗、约翰·梅尔：《四国对德国和奥地利的管制1945—1946年》，第67页。

③ http://wwics.si.edu/index.cfm? topic-id=1409&fuseaction=library.document&id=930, Working Paper #31: *Revolution by Degrees: Stalin's National Front Strategy for Europe*, 1941-1947, by Eduard Mark.

④ Saul K. Padover, *Psychologist in Germany*, London, Phoenix, 1946, p.310.

上。依据美、苏、英三国商定的《德国占领区和管理大柏林》协议规定①,在依照 1937 年 12 月 31 日版图恢复的德国疆域上,苏占区占有 47.3% 的土地、42% 的人口与 40% 的产值,但多数属农业种植区,重工业及煤矿集中的鲁尔、萨尔等地都处于西方盟国之手。加之苏联在赔款中要求以机床等工业生产资料及产品形式为主,避免直接以资金偿付,故工业较弱的苏占区难以承担这一重担。因此,苏联若是想让其所要求的巨额赔偿得以实现,就不得不把工业重心位于西占区的德国视为经济整体,从而通过盟国对德管制委员会这一平台合理地从其他占领区获得赔偿。此外,苏联基于地缘政治的安全理念也决定了其必然坚持德国的统一。为了保证安全,苏联将德国东部奥得河—尼斯河以东的领土交给波兰,又授意波兰将这些领土上近 600 万德国人驱逐出去。这一方面壮大了作为苏联屏障的波兰,另一方面斯大林"同意以一大片德国领土来补偿波兰,使未来德国与波兰之间产生仇恨,而波兰也必靠苏联保证其安全"②,苏联可尽享渔翁之利。而在这一方案中,作为统一国家存在的"未来德国"是不可或缺的因素。它既无力越过壮大后的波兰直接威胁苏联,还要使东欧国家倒向苏联寻求保护。而奉行"全盘占领"的盟国对德管制委员会无疑正是这"未来德国"的最佳前身。

在这一问题上最为棘手的无疑是法国的态度。前述可知,法国自形成对德处理方针之日起,就竭力分裂德国,务求使其不能形成集中统一政权,其加入盟国对德管制委员会的过程也近乎是一

---

① 该协议虽经法国加入占领而有较大变动,但由于雅尔塔会议确定法占区由英美占区划分出来,因此并未影响苏占区的划定。

② 约瑟夫·诺吉、罗伯特·唐纳森:《苏联二次大战后的外交政策》,第 58 页。

场闹剧。1945 年 10 月，新生的法国政府亟须恢复其国际地位。为此，依据“德国的命运是世界中心问题”这一理念，1944 年 11 月丘吉尔访问巴黎时，戴高乐将军“强烈要求参加对德国的占领，不只是在英军或美国统帅部下面分一块地盘，而是要把地盘置于法军统帅部的管辖之下”。[①] 英国将这一要求传达到了雅尔塔会议中，经三国同意后使得法国参与了对德占领，但也同时成为了依照三国既定政策将要成立的 ACC 成员。这对于仅想参与占领但反对德国出现中央政权的法国来说是始料未及的。从 ACC 的整个筹备过程来看，法国不知情并不奇怪，EAC 内始终未设法国成员，魁北克、德黑兰、雅尔塔等各次决策会议也未邀法方加入。故英美争取来的占领区及 ACC 成员地位并不能让法国人领情。戴高乐就曾抱怨说：“他们承认法国也应该有一个占领区，但这个占领区在什么地方，始终是含糊其辞的，关于德国各州的未来制度，关于鲁尔区、莱茵兰、萨尔区，等等，他们更是不愿意同我们谈任何具体的问题……我觉得他们好像参加了一种不许我们插手的游戏。”[②]1945 年 4—5 月，法军甚至拒绝把他们所占领的斯图加特市依照 EAC 规定的占领区划分移交给美方。波茨坦会议后，已身为 ACC 成员的法国再次无缘决策，更使得法国对这顶强按在他们头上的盟国管制委员会帽子排斥有加——ACC 法方代表柯尼希将军除参加盟国对德管制委员会的必要会议外，就尽可能地避免去 ACC 驻地柏林，以示抗议。同样，在波茨坦会议结束后，法国政府于 8 月 7 日知会

① 迈克尔·鲍尔弗、约翰·梅尔：《四国对德国和奥地利的管制 1945—1946 年》，第 57 页。

② 戴高乐：《战争回忆录》（第三卷），第 50 页。

三国,称虽然大体上接受《波茨坦协定》,但"他不能不问情由地同意在德国成立一个中央政府"。[①] 言下之意,法国虽然可以接受ACC在德国成立这一事实,但对于ACC中任何建立德国中央集权形式的尝试——无论是全国性政党或中央行政机构,抑或是《波茨坦协定》中规定的财政、运输、通讯、外贸、工业等方面的统合组织,法国都将以ACC的成员权力予以否决。ACC初期各国管制机关合作关系中的主要矛盾,实际上往往就发端于法国所持的这一立场。可以说,法国是被迫接受"全盘分区占领"这一理念的,对于法国政府而言,ACC更像是法国参与对德占领所带来的副作用,只会限制法方管制机关旨在将德国分裂化的行动;而法国既然无法在ACC这个平台上实现该目的,就只有在法方占领区利用ACC成员地位杜绝其他国家的影响,从而在ACC体制下制造实际上的分裂。因此,在ACC四占区的互动中,法国相对于其他三国表现得更为现实、消极,也更频繁灵活地运用否决权,利用ACC的组织原则来维护自己的立场,极少做出妥协退让——这使得法占区很大程度上成为了四国占领阶段德国的"国中之国"。而如何就全德层面的政策取得法方的同意,成了ACC成立后长期困扰各国管制当局及政府的一大难题。

EAC所设想的"全盘分区占领"制度实际上是一种理想化的占领状态,希望通过盟国的共同合作完成对德国全境的占领管制,并以ACC这一组织统一四国对德占领政策。其"全盘"与"分区"是相辅相成的,其立意是通过占领区的分区合作来进行一致行动,从而整体地占领改造德国。该占领设想虽被苏、美、英三大国依照自

① 阿尔弗雷德·格鲁塞:《法国对外政策(1944—1984)》,第28页。

己的理解与二战末期的利益需求予以接受，但ACC的成立并不能说明这一制度可以得到具体实施。从雅尔塔会议接纳立场完全与之相反的法国加入对德占领机制的那一刻开始，法国作为ACC成员所采取的破坏“整体性”的举动便已如影随形。而在ACC正式建立并开始实际工作后，各占区盟管机关几乎立刻就把各自占领区自身利益放在了第一位，维护管制整体性、实现各占区盟管机关合作这些基本任务被各占领方陆续抛诸脑后，ACC从合作的平台逐渐演变为表面互相妥协、内部激烈竞争的产物。随着各国政府及占领当局的矛盾分歧在对德占领的实际工作中不断深化显露，EAC基于盟国战时合作关系设计的“整体占领”“分区合作”“一致行动”的盟国对德占领理念，在已随终战钟声而剧变的战后世界局势下，只是一场难以实现的同盟“迷梦”而已。然而这诸多海市蜃楼般的宏大设想之中，唯一屹立不倒的，反倒是对德占领改造工作本身。正是由于分歧的存在和理念的纷争，各大占区从一开始就在ACC框架下争先恐后地进行管制工作，以表现各自的制度优越性，或贯彻自己的改造理念。从这一点上讲，ACC作为一个预想中的合作平台的建立，实际上却成了四国在管制德国问题上的角逐赛场，各方就此在各方面的博弈，无形中推进了对德国的管制进程与改造深度。

第三节　盟国对德管制委员会的行事原则与组织形式

如果说欧洲咨询委员会先前所确定的《关于德国占领区和管

理大柏林》以及《关于对德管制机制》，分别在理论上从占领和管制两方面奠定了盟国对德管制委员会的存在基础的话，1945 年 7 月 17 日到 8 月 2 日波茨坦会议上所通过的《管制初期处置德国的原则》则无疑为 ACC 建立与实地运作最终确定了方向。虽说早在 6 月 5 日时，ACC 就已在名义上成立，且四国也同时签署并公布了《关于击败德国并在德国承担最高权力的宣言》，将权力授予 ACC；但事实上，没有波茨坦会议的一致意见，便无法为坚持“四国一致”原则的 ACC 确定在德的基本任务与方针。因此，随着波茨坦会议的结束，其 4D 计划即“非军事化、非纳粹化、非工业化、民主化”的对德改造主张成为 ACC 在战后德国所担负的主要任务。在波茨坦支起的 4D 大旗下，ACC 这一对德管制机构最后校准了目标，依照既定的轨道运行了起来。

一、盟国对德管制委员会的行事原则

在波茨坦通过的《管制初期处置德国的原则》中，政治原则开篇规定：“按照对德管制机制规定，德国境内最高权力由美利坚合众国、联合王国、苏维埃社会主义共和国联盟和法兰西共和国占领军总司令遵照各国政府的指令，分别在各自占领区实行；彼等并以管制委员会成员的身份，共同处置有关全德事宜。”①在其经济原则第 14 条中，又特别指出“占领期间，德国应被视为一个单一的经济单位。为达到此目的，应确定共同政策”。② 一般认为，这些规定直

① 译文参见附录(7)。
② 译文参见附录(7)。

接衍生出 ACC 内部的“四国一致”原则：ACC 下四国占领当局对有关全德的决策需保证全员一致；在 ACC 决策过程中，一旦四占领方中任何一方否决、抵制，甚至仅仅默不回应，都会导致决策不能以 ACC 名义在全德做出。然而，这只是一种纸面上的推断。像以上的两个规定，其立意显然是 EAC“全盘占领”设想的延续，以防止各国分区占领造成德国分裂，从而破坏了将德国视为一体加以改造的占领方针。这一规则实际起的是反作用，它虽意图建立一种四国相互妥协的合作体系，事实上却赋予了参与方对于四方协商潜在的一票否决权：各国在 ACC 的政治博弈中，往往放弃因需要四方首肯而不易达成的协商一致手段，转而利用自己所掌握的否决权来破坏他方的建议，从而提出自己的要求以要挟他方同意，而哪一方想要保存 ACC，哪一方就不得不做出让步。这一点因 ACC 建立后的人事变化而显得尤为突出：由于英美方面的盟管人员大部分出自 1945 年 7 月解散的盟国远征军最高司令部，他们与 EAC 属于两个系统，因而对 EAC 所确立的这一原则了解甚少；①面对法国与苏联利用这一原则先做出否决，又依仗这一原则灵活地要求英美同意自己的决定时，英美方面的人员几乎束手无策——英国甚至公开批评说：“在管制委员会中，即使我们按照民主的原则而不采用否决权的原则，当我们发现我们的伙伴在某一政策上意见一致时，要想在我们的伙伴看来是非常重要的决策上采取一种含有否决性质的态度，而又毋需面对一切反击，那是非常困难的。”②随着

---

① 甚至连美方管制委员会协调委员会代表克莱也承认，他上任之前对 ACC 的组织机能等方面并不了解。请参阅：Lucius D. Clay, *Decision in Germany*, p.45.

② 迈克尔·鲍尔弗、约翰·梅尔：《四国对德国和奥地利的管制 1945—1946 年》，第 283 页。

ACC“独立行事”原则的建立，这一情况更为恶化，加深了盟国管制委员会运作中的决策危机。

ACC 中“独立行事”的原则，来源于 ACC 于 1945 年 8 月 30 日颁布的第 1 号公告第 3 条内容①。它在向全德宣布 ACC 成立的同时，也表示四国总司令在各自占领区内颁布的法律、公告、命令、法令、通告、规章和指示（其中区别下将述及）等继续有效。这实际上就等于承认了各国占领区军事总督仍有对其占领区的治理权，无需通过盟国管制委员会协调一致，使德国的“主权”与“治权”发生了分离——名义上的最高权力归于 ACC，但实际上的治理行事权仍掌握在各军事总督之手，并不受 ACC 制约。虽然看起来这是把针对全德的 ACC，以及针对占领区的军事总督的权限做了区分，以保证各占领军军政府在其占领区上的合法治理权，从而使其能在战后纷繁的占领事务中便宜行事，防止 ACC 卷入过多与其全盘占领任务无关之事，引发矛盾与纷争。可是这事实上也从下而上地破坏了 ACC 所秉持的“全盘占领”设想：如果各占领区都可以在 ACC 没有限定的情况下独立做出决策，那怎么还能指望各占领区能做到全盘一致呢？在前期 ACC 内部矛盾尚未显露，反法西斯战争所带来的国际友谊尚未消退时，各占领区长官尚能尝试依据“四国一致”原则尽量合作，同时努力减少占领区内政策与 ACC 相关决策的相左之处。但随着 ACC 内部矛盾的深化，加之对立方利用“四国一致”原则破坏 ACC 内合作的情况增多，依靠“独立行事”办法在自己或合作占领区内独力推行政策无疑就成了便宜之举。而一旦这种境地严重到各方都不愿再费力达成一致，只求在各自范

---

①　译文参见附录(8)。

围内自行处置的地步时，ACC 存在的必要性也就烟消云散了。

矛盾各方利用“四国一致”原则为否决武器相互攻讦，依靠“独立行事”原则各行其是，也正是 ACC 逐步陷入瘫痪境地的真正原因所在。任何多方参与的国际组织都难免会遭遇内部的矛盾冲突，以积极有效的行事原则处理这些问题才能维持合作关系的存在。ACC 行事原则的问题在于将反法西斯战争中建立的合作关系视为常态，以积极且理想化的设想拟定了“四国一致”的合作要求；但在遭遇德国战后混乱不堪的实际情况时，又希望通过“独立行事”这一消极而现实的方针减少 ACC 中面临的分歧。但基于战时关系的 ACC 一旦成立便意味着战争的结束，也就毁灭了“四国一致”的存在基础；而基于战后混乱考虑的“独立行事”原则一旦推行，也就意味着 ACC 对各国占领当局在各自占领区破坏“四国一致”权力的承认，也就等于将德国的混乱引入了 ACC 本身。这两种原则的内在矛盾性随着参与方之间由合作到对峙的态度转变而显露出来，最终成为了吞没 ACC 存在的逻辑漩涡。

二、盟国对德管制委员会的组织形式

组织上，管制委员会虽然是当时德国土地上最高权力机关，掌握战后对德管制权，但其成员人数并不多。狭义上的管制委员会即四盟国驻德最高机关本身，由各盟国占领军总司令兼占领区军事总督的四名高级军官组成，每月 10 日、20 日、30 日在柏林美管区的卡梅尔格里希特大厦[①](Kammergericht,原柏林高等法院大楼)集会。1945 年 7 月 30 日,盟国管制委员会进行首次会议。为保证会议顺利进行,ACC 设有主席一职,四国代表轮流担任主席一个月,每次会后需要向新闻界发布简报,其内容也要求依据“四国一致”原则予以统一。[②]

如前所述,由于这些军事总督身上还负有极大的军事责任,因此战后初期 ACC 的许多具体工作是由 ACC 代表会议所属的下一级机构——协调委员会(Coordinating Committee, CORC)来执行的。协调委员会由四个军事副总督组成,多为各国军队中的民事官员,相比他们军务繁忙的上司,他们可以将全部时间投入到管理各自占区事务之中。最初的协调委员会由美方的克莱将军、苏方的索科洛夫斯基将军、英方的布赖恩·罗伯逊(Brian Hubert Robertson, 1896 - 1974)将军及法方的克尔兹(Louis-Marie Koeltz, 1884 - 1970)将军组成。[③] 在战后初期的千头万绪中,协调委员会起了极大的作用,这四名官员操持着各自占区的具体事务,后多因此升迁为驻德军事总督并成为 ACC 成员:1946 年 4 月朱可夫离任后,索科洛夫斯基将军担任苏方 ACC 代表;1947 年,美方的克莱与英方的罗伯逊将军也相继替换了各自占区的军政府最高长官。至此,

---

① 确定这一地点的过程堪称“四国一致”合作精神的典范。1945 年 7 月 30 日盟国对德管制委员会首次会议上,苏方代表提出在美占区该址建立 ACC 总部,以表示对艾森豪威尔将军的尊敬,此举获一致赞同。可惜的是,这样顺利的议程在 ACC 后来的经历中可谓屈指可数。可参阅:Lucius D. Clay, *Decision in Germany*, p. 33.

② 迈克尔·鲍尔弗、约翰·梅尔:《四国对德国和奥地利的管制 1945—1946 年》,第 148—149 页。

③ *Enactment and Approved Papers of the Control Council and Coordinating Committee* 1945. Vol. 1, Compiled by Legal division, legal advice branch, drafting section office of military government for Germany, Berlin, 1945, p. 34.

具体的权力执行过程才完全由 ACC 所掌握。ACC 及其协调委员会的官员作为 ACC 关键人物，在四国占领时期长期处理对德管制的实际事务，形成一套自己的管制思想与占领理念；而母国（尤其是在 ACC 中地位举足轻重，且政策存在前后变化的美苏两国）对 ACC 代表的调整，也往往意味着对德决策取舍上的重大变动，影响涉及 ACC 内部合作关系及四国在对德问题上的外交博弈。因此，本书即将其中两位关键人物——朱可夫与克莱——的职位变动时间，作为决定 ACC 命运转变的两处时间节点。

从下属机构来看，除了专门负责文书事务的盟国秘书处及负责后勤保卫的办公室以外①，盟国对德管制委员会依照负责事务区别为 12 个管理局：陆军管理局，海军管理局，空军管理局，政治管理局，运输管理局，经济管理局，财政管理局，赔偿、交付与归还管理局，内务与交通管理局，法律管理局，战犯与流亡难民管理局以及人力管理局。② 早在战争结束前六个月，便由欧洲咨询委员会做出了规划，它们是以德国投降时可能残存的部门为基础设计的，以便于战后实现快速交接。各管理局并非直接行事，而是由各占领区内所成立的相应管理处组成，各国均在其管理处内配有代表，依照与协调委员会相类似的程序进行决策议事，每个管理局的主席均由当月担任盟国管制委员会主席的国家代表担任。同时为了便于处理实际问题，各管理局还在其下设置委员会或小组委员会来

---

① *Enactment and Approved Papers of the Control Council and Coordinating Committee* 1945. Vol. 1, Compiled by Legal division, legal advice branch, drafting section office of military government for Germany, Berlin, 1945, p. 35, p. 37.

② *Enactment and Approved Papers of the Control Council and Coordinating Committee* 1945. Vol. 1, Compiled by Legal division, legal advice branch, drafting section office of military government for Germany, Berlin, 1945, p. 38.

处理特定事务。直到1946年年末,处于初期的ACC尚有极大积极性,且还面临着为战乱方止的德国社会重建秩序,肩负在物资紧缺情况下应对战后首轮严冬的艰难任务,故各管理局活动也达到了活跃的顶峰,下辖的委员会总数竟达175个以上。[①] 盟国管制委员会各管理局的运行方法可见一斑。

然而,由于盟国对德管制委员会自创立初始的第1号公告便强调“独立行事”原则,保留了身兼军政府军事总督的ACC成员在各自占领区颁布法律、公告、命令、法令、通告、规章和指示的权力,可以直接在其占区推行政策;加之盟国对德管制委员会及协调委员会均是由四国各任一名代表组成,并无管理局人员直接参与。因此从实际决策而言,盟国管制委员会的决策与各盟国占领军军政府——亦即各盟国管制机关的联系实际上更为直接密切。因此,广义而言的盟国对德管制委员会体系从不同的视角看包括两套互有从属的系统:

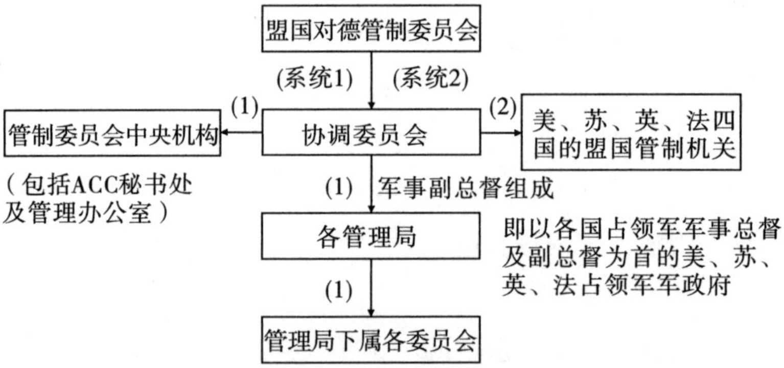

① Lucius D. Clay, *Decision in Germany*, p. 45.

ACC管理局下属各委员会往往具有临时性，且任务常有重叠冲突①，加之它们与四占区的实际行事脱离，故第一套系统虽然与盟国对德管制的最初设想相一致，但实际远不如第二套系统中盟国军事总督、副总督与盟国管制机关的联动性来得积极有效。各盟国占区军政府（亦即各盟国管制机关）虽早于ACC成立（美占区军政府1945年5月18日于美茵河畔法兰克福、英占区军政府1945年5月22日于奥尹豪森、苏占区军政府1945年6月9日于柏林—卡尔霍斯特、法占区军政府1945年7月于巴登—巴登），但它们的政策由兼任ACC成员的总督、副总督决定，同时也能反映其母国对德政策，掌握在其占领区的实际权力。故ACC有关"4D"的许多决策，实际都是在ACC成员经"四国一致"原则统一协商并下令后，再由各国军政府根据"独立行事"原则依照其不同理解分别在各自占领区进行的。

ACC虽然是战后德国第一个最高权力机构，但从其本质来讲，仍是一个建立在合作基础上的国际组织。因此，苏、美、英、法四国本身的对德政策与外交方针也直接反馈在其ACC成员及军政府的态度之上。在整个ACC存在期间，四国通过外长委员会会议（Conference of Foreign Ministries）的形式就对德政策问题进行交流，审核ACC的治理成果并处理ACC中无法解决的矛盾僵局；可以说，每一次四国外长会议或盟国对德管制委员会参与国的重要外交活动，都对ACC的对德治理及内部关系有着很大影响。

---

① 克莱就曾对ACC与盟国赔偿委员会到底谁对德国和平时期经济与赔款总量有决定权发出过质问。可参阅：John Gimbel, *The American Occupation of Germany*, p. 27.

就狭义盟国管制委员会而言，其产生作用主要依靠根据“四国一致”原则达成并颁布的决议。1945 年 9 月 20 日，盟国管制委员会发表第 10 号规章，将 ACC 决议分为以下五类：

1. 公告（Proclamations，“用于宣布对于占领国、德国人或两者而言具有特殊重要性的事务或行动”）

2. 法律（Laws，“适用于普遍事务，有特别规定的除外”）

3. 命令（Orders，“当盟国管制委员会要求德国人执行且不使用法律形式时适用”）

4. 规章（Directives，“盟国管制委员会交流政策或管制决议时适用”）

5. 指令（Instructions，“盟国管制委员会直接向特定方施加要求时适用”）①

直到 1947 年 4 月 29 日，盟国管制委员会才废除了第 10 号规章，通过第 51 号规章，将 ACC 的立法工作简化为公告、法律及规章三种形式。②

需要指出的是，虽然这些形式的决议都是 ACC“四国一致”原则的产物，理论上不容违反，也不存在受阻的可能。但由于“独立行事”原则的作用，各占领区军政府往往会出于己方的利益立场，按自己的理解予以实施，从而使得相同的决定在不同的占区会体现出不同政策手段及效果。因此，对于各占领区军政府而言，这些

---

① *Enactment and Approved Papers of the Control Council and Coordinating Committee* 1945. Vol. 1, Compiled by Legal division, legal advice branch, drafting section office of military government for Germany, Berlin, 1945, pp. 95 – 96.

② *Enactment and Approved Papers of the Control Council and Coordinating Committee* 1945. Vol. 1, Compiled by Legal division, legal advice branch, drafting section office of military government for Germany, Berlin, 1945, pp. 27 – 29.

决议形式实际上只具有建议性质,具体执行仍由各国自行掌握。由此我们可知,ACC 作为德国最高占领机关的存在意义,很大程度上在于其所担负的盟国共同责任,而并非法令的强制性。因此就狭义的盟国对德管制委员会四人领导团体而言,其存在的意义更多程度上是四国合作意愿的象征性体现;而在广义的盟国对德管制委员会体系中,各盟国管制机关作为 ACC 决议实际执行者,在完成 ACC 对德管制任务中所表现出来的步调协同程度,以及各参与国围绕盟国对德管制委员会而进行的外交活动,无疑是 ACC 历史命运更为具体现实的表现。

第二章　战后合作期(1945 年 8 月—1946 年 4 月)

1945 年 8 月 5 日,盟国对德管制委员会正式成立以后,各盟国占领机关的合作进入了一个全新阶段。随着波茨坦会议中有关处置德国原则协议的最终达成,以及战争终结所带来的战时友谊升温,ACC 开始进入一个举措较为积极、关系亲密融洽的合作阶段。但四国对德政策分歧也已隐含在了 ACC 的早期合作之中,并且使得 ACC 原计划的对德处置进程在不同占区暗暗走上了不同道路。

第一节　重铸社会:盟国对德管制委员会初期的对德管制工作

在这一时期,面临德国的战后危局,各国盟管机关(除法方外)基本上都采取了遵从《波茨坦协定》决定的态度,在各占区承担了 4D 计划的推行任务。从 ACC 成立之初,至 1946 年 4 月 ACC 第一届成员中最后一名代表——苏联的朱可夫元帅——离任,四国盟管机构的合作关系一度处于一种稳定融洽的氛围中。这一方面是身为二战功勋将领的第一届 ACC 成员之间战时友谊与威信的延续,另一方面也是该阶段整顿德国、建立稳定占领区机制的共同急务所致。但是,即便在这一良好的合作环境下,各国依据"独立行事"原则以不同宗旨展开在经济、政治、文化各方面的对德管制工作,使得 ACC 统治下的德国各占领区从诞生伊始便显示出了极大的差异性。

一、"非军事化"任务及其遗留问题

坦白地说,对于盟国对德管制委员会而言,"非军事化"是一个不折不扣的"假命题"。至 1945 年 5 月 8 日德国正式投降为止,德军阵亡 210 万人,被俘 250 万人,另有 290 万人失踪,全部武器弹药除被摧毁之外均被盟军缴获,残余德军也在苏军及盟国远征军最高指挥部命令下解除了武装。① 德国此时实际上已经被完全解除了武装,而纳粹主要战犯的审判也依照 6 月 26 日至 8 月 8 日四国在伦敦举行的有关军事法庭程序的国际会议决定,将在 11 月 20 日移交给纽伦堡国际军事法庭处置。拆毁军工厂及军事工业的工作,则实际上被各国占领当局按照对德经济改造的工作予以严格实施,并未按"非军事化"原则考虑。因此对于 8 月 5 日才正式开始活动的 ACC 来说,"非军事化"实际上是一个事后认证的法律程序。

8 月 30 日,盟国对德管制委员会发布 1 号命令《禁止前德国军队人员穿着军装》②(Order No. 1: *Prohibition of Uniform by Disbanded*

---

① 埃德温·哈特里奇:《第四帝国》,国甫、培根译,北京:新华出版社,1982 年,第 80 页。

② *Enactment and Approved Papers of the Control Council and Coordinating Committee* 1945. Vol. 1, Compiled by Legal division, legal advice branch, drafting section office of military government for Germany, Berlin, 1945, p. 47.

Personnal of the Former German Army)；之后又在11月12日发表第18号规章(Directive No. 18：*Disbandment and Dissolution of the German Armed Forces*)，就遣散德国武装力量做出了规定。11月30日，ACC通过第8号法律(Law No. 8：*Elimination and Prohibition of Military Training*)，禁止德国进行任何军事训练。① 12月17日，ACC进一步发布第23号规章(Directive No. 23：*Limitation and Domiliterization of Sport in Germany*)，要求对德国的体育运动项目进行限制与非军事化改造。② 在12月20日，ACC颁布第10号法律《关于惩办犯有战争罪、反对和平罪和反对人道罪的人员》(Law No. 10：*Punishment of Persons Guilty of War Crimes*)，对四个占领区内的战犯展开大规模追究与惩罚行动。③

虽然"非军事化"任务对于ACC来说仅仅是个需要事后认证

---

① *Enactment and Approved Papers of the Control Council and Coordinating Committee* 1945. Vol. 1, Compiled by Legal division, legal advice branch, drafting section office of military government for Germany, Berlin, 1945, p. 223.

② 这一点在德国具有特殊意义，显然是针对体操等体育活动在普鲁士军国主义中的重要性而言的。在拿破仑战争之后，德意志爱国者、种族主义者弗里德里希·雅恩(Friedrich Jahn, 1778－1852)深感德意志人积弱现状。他借助瑞士军队操练的一些基本要素，设计出了一系列旨在发展德意志青年心智的体操练习，旨在通过改善他的同胞们的身体条件来重振士气。雅恩的《德意志民族特性》等作品以近乎宗教感情般的笔法强调了国家内在的价值、对领袖的尊敬、重建民族意识的需要、对军国主义品质的强烈信仰以及对外族人(尤其是犹太人)的蔑视。雅恩的种族主义思想与体育理论后为普鲁士军国主义所继承和发展，成为其缔造集权统治、培养好战精神与兵员条件的工具，在战后受到了盟国的(尤其是苏联)的强烈排斥。有关盟国这一禁令内容，详见：*Enactment and Approved Papers of the Control Council and Coordinating Committee* 1945. Vol. 1, Compiled by Legal division, legal advice branch, drafting section office of military government for Germany, Berlin, 1945, p. 304.

③ *Enactment and Approved Papers of the Control Council and Coordinating Committee* 1945. Vol. 1, Compiled by Legal division, legal advice branch, drafting section office of military government for Germany, Berlin, 1945, p. 306.

的假命题,但这并不意味着它在 ACC 的历程中就没有表现的余地。对自身安全及德国重新武装最为担心的苏法两国,往往会借用"非军事化"不力的罪名抨击英美在 ACC 中的工作。特别是一向警惕美英借助恢复德国威胁自己的苏联,更是常在这一问题上抓住不放。即便在 ACC 合作最为密切的 1945 年,苏联曾于 11 月在盟国管制委员会会议中激烈谴责英国将尚未获释或复员的德国军事人员归于英国军官辖下的举动。① 此外,1945 年秋,随着天气转冷和被服紧缺,西方占领区默许德国退役军人穿戴去除军衔标志的军服,此举更是刺激了苏联方面的神经,甚至为此一直争吵到次年 4 月的四国外长会议上。② "非军事化"不力成为之后苏方在 ACC 中反对西方提案时往往会被附加上的口实。因此,虽说这一问题实际上并未有 ACC 太多实际操作的空间,也不足以体现四方实际合作关系的变化,但也说明了不信任感的确在这一组织中长期存在着,恰恰从侧面反映了 ACC 这一基于互信合作而建立的机构的命运悲剧。

二、"限制工业计划"与经济制度的重建

依据波茨坦会议所确定的"非工业化"精神,限制德国工业属当务之急,而它所指定的执行者正是盟国对德管制委员会。为了确定德国经济状况,从而决定"限制工业"力度,最为关心"非工业

① 迈克尔·鲍尔弗、约翰·梅尔:《四国对德国和奥地利的管制 1945—1946 年》,第 258 页。

② 迈克尔·鲍尔弗、约翰·梅尔:《四国对德国和奥地利的管制 1945—1946 年》,第 259 页。

化"进展的美国于1945年8月10日组织了以美国杜克大学经济学家卡尔文·B·胡佛(Calvin Bryce Hoover,1897－1974)为首的德国生活水准委员会(German Standard of Living Board),为ACC的决策提供参考。[①] 1945年9月ACC下属的经济管理局成立工业水平委员会(Allied Level of Industry Committee)后,胡佛在18日提交其研究报告。该报告指出,目前的德国经济"等同于1932年经济危机最为严重时",要求采取相对于《波茨坦协定》更为温和的限制政策,将德国生活水平控制在1930—1938年平均水平的74%,以防经济崩溃。[②] 在此之后,ACC工业水平委员会进行了艰难谈判,直至次年3月26日才取得一致,两天后,《赔偿和战后德国经济水平计划》(*The Plan for Reparations and the Level of Post-War German Economy in accordance with the Berlin Protocol*)得以公布。该计划将德国工业分成三类区别对待:第一类是具有军事性质的工业,共计14项,必须予以禁止;第二类是可用于军事用途但基本仍是民用的工业,共12项,允许存在但限制产量;第三类是没有任何军事意义的工业,可以自由发展;禁止及限制的工业中,所属全部设备除为达到规定生产水平所需的数量外,一律充作赔款或直接拆除;同时没收德国在外国的全部资产,关闭自然科学和工业研究机构。[③]

就该计划条文要求而言,无疑是极为严厉的,但我们并不能因此断定这是美国的"摩根索计划"或JCS1067的延续。作为由盟国

---

① John Gimbel, *The American Occupation of Germany*, p. 20.

② Wolfgang Schlauch, "American Policy toward Germany, 1945", *Journal of Contemporary History*, Vol. 5, No. 4. (1970), p. 121.

③ 该计划全文请参阅:Beate Ruhm von Oppen (ed.), *Documents on Germany under Occupation* 1945 – 1954, London, New York, Toronto: Oxford University Press, 1955, pp. 113 – 118.

对德管制委员会一致通过的经济计划,它实际上反映的是四国对德国经济构想与要求的互相妥协。对于需要经济赔偿的苏法两国(尤其是注重工业拆卸的苏联)而言,这一计划限定得越为严格,可供用作赔偿的设备就越多,同时德国可用于军事生产的工业能力也就越弱,两国的赔偿与安全也就越有保证。而美国的态度自不待言,“非工业化”本就是它在这一阶段对德政策的重点所在。就英国来看,这一计划实际也不违背它所反对的削弱德国经济的主张——没有军事意义的民用工业并不在限制之列,反而因实现赔款需求及恢复德国生活水平的缘故,还会得到鼓励。在没有根本分歧的前提下,各国先前讨论的焦点实际集中在德国生活水平标准线的具体划定上。苏、法为获得更多赔款,倾向于将这一标准线拉低,甚至将其作为德国经济的上限,而英、美则将之视为下限。最终的结果是将规定的标准作为一项宏观计划的估计数字,而非强行限制,也就默许了浮动的空间。① 这对于希望将超过规定水平的一切生产用于赔偿的苏、法来说,无疑是对英、美做出的让步。此外,这一计划本身立意与各国对德经济政策的总目标是一致的,即消除德国战争经济的基础,杜绝其重新武装的工业潜力,在占领情况下保证一定的生产能力以维持不高于欧洲邻国的生活水平,减轻各国的占领负担。② 因此,虽然各国可能会对具体内容有所不满,但并不影响对它的总体接受。该计划的真正问题体现在其具体操作上,它所做的分类和限定都基于这样一种认识,即德国工业

---

① Beate Ruhm von Oppen (ed.), *Documents on Germany under Occupation* 1945 - 1954, pp. 113 - 118.

② John Gimbel, *The Original of the Marshall Plan*, Stanford University Press, 1976, p. 77.

好像一部待转的机器，等候着他们拿去其中部分构件后再次开动，但他们却忽略了一个事实——作为一个历来以工业为经济重点的国家，在经历了战争破坏后，要它立即恢复生产本身并不现实；况且再抽去其向来倚重的军事工业后，它是否能迅速转型为和平生产本身也是堪忧的。因此，工业水平委员会通过大量精确数字和细致分类所要套住的德国经济猛兽，实际上只是他们的臆想而已；后来德国所面临的一场又一场经济困境，很快就使得各占领区在经济发展上认清现实并各怀心思，不过这已是后话了。

《赔偿和战后德国经济水平计划》发布后，盟国对德管制委员会要求各国占领区盟管机关完成的，主要是经济上的两大要务：拆卸和赔偿。而这两点本身也是息息相关的。但讽刺的是，实际上早在该计划颁布之前，各占领方就已经依照自己战争末期的对德政策展开拆卸与赔偿征收工作了。

在拆卸、赔偿工作的实施方面，①美国把《赔偿和战后德国经济水平计划》与早期"国务院路线"下保存德国经济的温和政策结合了起来：一方面依据计划要求将具有军事意义的第一类工业坚决进行拆除，另一方面则利用JCS1067中允许的军事长官行动自由权及ACC的各占区"独立行事"原则，以副军事总督、ACC协调委员会代表克莱为首，主张恢复德国经济的温和派开始进行美占区经济的初步重建——1945年7月，美占区就已修复3/4的铁路，8月份便开始了邮政机制的正常运转，一年后就实现了莱茵河的重新

① 有关美国在德国战后赔偿问题上态度的具体演变，可参见：苑爽：《两次世界大战后美国处理德国战争赔偿问题的政策演变》，博士学位论文，华东师范大学，2008年。该文就美国在两次世界大战后赔偿政策的宏观演变做出了独到的论述。

通航并恢复了通讯系统。[①] 而美国获得战争赔偿的主要方式则是通过陆军情报局技术部的情报人员在德国搜集技术情报来实现的,对象主要是技术人员、科技情报、文件信息、规划方案及样机设备等,这些可以说是一种"知识赔款"。[②]

而在德国工业最为集中的英占区,实施情况并不尽如人意。虽然英国接受了《赔偿和战后德国经济水平计划》,但它反对削弱德国经济的立场并未因在 ACC 谈判中的让步而改变。为此,英方占领当局采取了拖延策略。虽然英占区早在 1945 年 7 月就开始摧毁军事生产设备,并从 10 月起拆除军备工厂,但实施的过程缓慢无比,以致在 ACC 初期这段时间内几乎无所建树。这一情况甚至使得 ACC 内部也产生了不满:1945 年 10 月 22 日,因为波茨坦会议规定需在两年内完成德国所有军工厂的拆卸任务,感到任务紧迫的 ACC 协调委员会美方代表克莱曾提出,在制定工业计划前先立即拆除 74 座主要的军工厂,这一倡议得到了苏、法两国代表的支持;但英方表示了反对,这招致了苏方代表索科洛夫斯基的指责:"英国代表不仅自己不愿履行波茨坦会议的决议,还刻意妨碍他人实现这些决定。"[③]在英方如此态度下,英占区工业实际上在 1945 年夏便已开始恢复并在逐步发展了。

相形之下,法方盟管当局在对待拆卸、赔偿的问题上最为直接和现实,那就是利用法占区的资源来援助法国自身的经济恢复,并使之效能最大化。为此,法国占领方"用萨尔的煤、黑森的木材、符

---

① Lucius D. Clay, *Decision in Germany*, pp. 188 – 190.

② John Gimbel, *The Original of the Marshall Plan*, pp. 178 – 188.

③ Lucius D. Clay, *Decision in Germany*, p. 113.

腾堡和普法尔茨的农产品"[①]来作为赔偿，成系统地将机器设备拆运国内，甚至不顾 ACC 的工业限制立场，开足马力进行工业生产，再将产品充作赔偿。就这一点而言，法方盟管当局的力度甚至超过了此时正一心追求赔偿的苏联方面。

在这一阶段中，应对拆卸态度最为积极的要数苏占区盟管机关，这主要是因为战后苏联经济恢复所要求的大量赔偿所致，是苏联二战后期对德政策重点的延续。为了最大程度地利用德国资源恢复苏联经济，在战争尚未结束时，苏联便派遣"战利品"部队随作战部队行动进行拆运。根据苏联外交部档案，至 1945 年 8 月 2 日盟国协议停止缴获为止，苏联已运走了 128 万吨原料及 360 万吨设备，且不算在正式赔款之列。[②] 这使得本就以农业生产为主的苏占区工业经济更为捉襟见肘。而在波茨坦会议后，由于西方盟国最终未同意苏联的赔偿要求，因此苏联不得不按贝尔纳斯建议，从自己占领区获取赔偿，并从西占区拆卸一定比例设备作补充。与法国方面不同的是，苏联主张尽可能地压低苏占区的工业生产，以便从西占区拆卸更多工业设备。从 1945 年年末到 1946 年年初，ACC 美方协调委员会代表克莱与苏方协调委员会索科洛夫斯基进行了一系列协商，允许苏联接收西占区前纳粹领导人或战犯所拥有的工厂。[③] 1945 年 8 月 2 日，苏占区赔款开始入账；但与此同时，苏占区的德国企业面临了一场风暴——战后的德国缺乏原料，又无力恢复生产，难以靠产品立即偿付苏联，因此其存在的唯一价值几乎就是供给

---

① 张沛：《凤凰涅槃——德国西占区民主化改造研究》，第 79 页。

② Norman M. Naimark, *The Russians in Germany*, p. 167.

③ Norman M. Naimark, *The Russians in Germany*, p. 168.

拆卸——在全部 17024 家“工业体”中,苏联仅在 1945 年夏秋便运走了 4339 家,1946 年 1 月又迁走了 200 多家。[①] 为了实现拆卸利益的最大化,苏联还将目标瞄准了那些关乎国计民生、无法转移的重要企业,转为苏方指导生产,由莫斯科的工矿业部门直接指挥。1946 年 1 月,为了将这类企业的产权转移正规化,苏方建立了苏联股份公司(Soviet stock company,德语 Sowjetische Aktiengesellschaften,简称 SAG),以在符合德国法律的情况下将苏占区企业转由苏联经济组织全权掌握。在这一股份公司体制中,苏联对外贸易部控股 40%,工业部控股 60%;苏联盟管机关为此特意颁布苏占区 167 号令,规定可通过将德国企业转为苏联所有“来部分满足苏联赔款需要”[②]。至 1946 年 4 月 ACC 管制初期阶段结束为止,有 50—60 家大型企业及 200 家较小的企业在苏方盟管当局指导下转为 SAG 所属。

对于苏联和法国所采取的大规模拆卸政策,一向主张不破坏德国经济的英国自不待言,就连一向倡导“非工业化”的美国也持反对态度。而苏联近乎竭泽而渔的拆卸举动及转变所有权的行为,更是成了 ACC 内各方批评的对象。美方表示:“合众国不允许让德国难以承受,导致资本设备短缺,不利于以足够质量出口品换取关键进口的如此规模拆卸转移活动存在……合众国并不寻求消灭或削弱德国的和平经济。”[③]《赔偿和战后德国经济水平计划》的发布虽然并未直接否定苏联及法国盟管当局的拆卸活动,但实际上通过对工业的第三分类已体现了对德国工业重新发展的重视。

---

① Norman M. Naimark, *The Russians in Germany*, p. 169.

② Norman M. Naimark, *The Russians in Germany*, p. 190.

③ Wolfgang Schlauch, "American Policy toward Germany, 1945", *Journal of Contemporary History*, Vol. 5, No. 4 (1970), p. 126.

实际上也就否认了苏法两国盟管当局完全以经济赔偿为目的不加区分的拆卸政策的合法性，这对于继承波茨坦会议“非工业化”精神的盟国对德管制委员会而言，无疑是一个转变；对于其中的美方管制当局来说，更是对既有“非工业化”主张的突破；艰难的《赔偿和战后德国经济水平计划》谈判过程，使得 ACC 各方认清了对方的在德经济目标，原本力主经济改造的美国开始走中间路线，并向英方立场靠拢；而有着同样经济赔偿及打击德国复苏可能主张的苏、法两方，实际上也产生了许多相似的步调。ACC 内部的这种潜在分裂虽然在四国协商通过经济计划的幌子下得以掩盖，但暗处的裂痕已是无可避免。由于美苏矛盾的潜滋暗长，1946 年 1 月 5 日，杜鲁门在当面念给贝尔纳斯的信中表示：“我已厌倦于笼络苏联人。” [①]ACC 美方盟管当局中以克莱等官员为代表的对德经济温和主张，开始有了生根发芽的土壤。

该阶段 ACC 对于德国的经济改造，除了工业水平的限制外，还有重建经济制度的目的。这一重建过程，主要体现在非集中化、工会制度及土地改革三方面。

在波茨坦会议通过的《管制初期处置德国的原则》经济原则第 12 条明确规定要分散德国经济，以消除“目前经济力量的过分集中”[②]。为实践这一原则，盟国对德管制委员会于 1945 年 10 月开始讨论制定非集中化具体措施，内容涉及整个德国经济领域里存在的集中现象，但是各国在“过分集中”的判断标准和法律是否具

---

① 杜鲁门:《杜鲁门回忆录(上)》，李石译，北京：东方出版社，2007 年，第 552 页。

② “The Political and Economic Principles to Govern the Treatment of Germany in the initial Control Period: B. Economic Principles, August 2, 1945”, *Enactment and Approved Papers of the Control Council and Coordinating Committee* 1945, Vol. 1, p. 23.

有强制性的问题上难以一致。[①] 可是这一分歧并不影响ACC对支持纳粹的首恶企业进行共同追究。1945年11月30日,ACC颁布第9号法律《剥夺I. G. 法本公司所属财产并进行管制》(Law No. 9: *Seizure of Proporty owned by I. G. Farbenindustrie and the Control theroof*)[②],接管法本全部财产,责成各占领区拆除其中的军事性质工厂,并对其余工厂所有权进行分散;[③]而在之前的11月16日,克虏伯公司也已受到了类似处置。但是对于其他德国企业,尤其是未涉及战争的公司,各国的分歧使得各占区在ACC的一致大旗下采取了不同的应对措施。美方主张借此机会解散德国经济中的卡特尔等垄断形式,鼓励竞争,实际上是要在德国建立自由的市场经济制度。法方依据现实主义原则,为避免拖延德国恢复生产影响到对法赔偿,采取了听之任之的态度,仅在ACC做出指令后才被动行动。而英国此时处于工党执政期间,更倾向于为需接受非集中化改造的德国企业制定一些原则性的监督措施,并不重视对其财产物资的分散转移,实际上是要在英占区建立起大规模且受英方严密控制的企业群,以便实现英方在德经济政策,有着浓厚的计划经济色彩。而苏联的对策则是越过工业集团的产权,通过当地共产党领导人来接管工厂,以一种"德国人自愿"的程序交给苏占区

---

① Isabel Warner, "Allied-German Negotiations on the Deconcentration of the West German Steel Industry", in Ian D. Turner (ed.), *Reconstruction in Post-War Germany: British Occupation and the West Zones*, 1944 - 1945, Oxford, 1989, p. 157.

② *Enactment and Approved Papers of the Control Council and Coordinating Committee* 1945. Vol. 1, Compiled by Legal division, legal advice branch, drafting section office of military government for Germany, Berlin, 1945, p. 225.

③ Beate Ruhm von Oppen (ed.), *Documents on Germany under Occupation* 1945 - 1954, pp. 91 - 92.

下辖的州政府处理。到1946年夏,苏联盟管当局通过这一方法接管了7000多个工厂,其中2000个厂和合作社联合管理,还有2000多个厂和“有民主倾向的人士”共同管理。①即便是那些仍存留的私人工厂也不能自行决定生产,而是要遵从苏联方面规定的指标定额行动。可以说,苏联进行的与其说是“非集中化”不如说是“国有化”,体现出了明显的苏维埃式计划经济特色。虽然苏联这一方法未免复杂,但实际上巧妙避开了德国垄断集团与各国经济间错综复杂的内部联系,反而能够从工厂层面的下层结构自下而上地完成“非集中化”任务,并回避由占领方直接接管而引起的社会反感。因此,在这一阶段,苏联盟管当局在经济非集中化方面所取得的成绩较之其他三方是尤为突出的。但其潜在的副作用也无可否认:这种越过企业决策层的直接接收实际上打乱了各工厂在企业体系中的经济地位;同时接管方由于失去与原企业上层的联系,因此实际上必须在对工厂情况一无所知的条件下恢复生产。苏联盟管当局通过“非集中化”获得的只是德国工业集团被抽掉管理体系骨架的肉体而已,难以维系长期生产。这在苏方政策仍以拆卸为重时有所裨益,但一旦需要这些工厂全力投入生产,各式各样的问题就难免涌现出来,以致后来苏方不得不在接收过程中保留德国代理人员来管理,但这也就部分丧失了“非集中化”的意义。

波茨坦会议所规定的《管制初期处置德国的原则》政治原则第10条规定:“在考虑必须维持军事安全的情况下,将允许建立自由

① 迈克尔·鲍尔弗、约翰·梅尔:《四国对德国和奥地利的管制1945—1946年》,第253页。

职业工会。”①这一源出于JCS1067的条款获得了盟国的一致肯定。盟国普遍认为,缺乏一个独立统一的民主工会组织来团结工人是纳粹得势与德国军国主义一再高涨的关键所在。1945年10月10日,随着盟国对德管制委员会第2号法律《终结并解散纳粹组织》(Law No. 2: *Termination and Liquidation of the Nazi Organizations*)颁布,②纳粹劳工阵线土崩瓦解,工人陷入无组织的混乱局面。为此,盟国对德管制委员会于1945年10月制定出了一项允许德国工会联合或合并的法律,旨在建立全德工会,但遭到了法方盟管当局的否决。法方认为,必须禁止工会的一切政治活动,并且把工会活动限制在占领区范围以内。法国害怕其他盟国会把全德工会作为建立德国中央政权的奠基石,从而破坏其一贯的反对德国统一的立场,因而不但在ACC坚持反对态度,且终此阶段也未允许在法占区建立工会。鉴于未能达成“四国一致”的决议,美、英、苏三方盟管当局只有依据“独立行事”原则,依照自己的理解对ACC设想的工会体制予以实施。③

在美占区,盟管机关下属主管工会组建的劳工关系部(Labor Relations Branch)内的意见之争使得工会的建立问题大大复杂化。该

---

① “The Political and Economic Principles to Govern the Treatment of Germany in the initial Control Period: A. Political Principles, August 2, 1945”, *Enactment and Approved Papers of the Control Council and Coordinating Committee* 1945, Vol. 1, pp. 22 –23.

② *Enactment and Approved Papers of the Control Council and Coordinating Committee* 1945. Vol. 1, Compiled by Legal division, legal advice branch, drafting section office of military government for Germany, Berlin, 1945, p. 131.

③ 有关二战后德国工会及企业代表会体制重建与发展的具体过程,可参见孟钟捷的相关著述:《试析二战后德国工会联盟的构建》,《华东师范大学学报》2009年第6期,第27—32页;《二战后德国企业代表会体制的重建(1945—1952)》,《世界历史》2009年第4期,第43—51页。

部中持激进观点的“产业联合会”(Congress of Industrial Organizations)成员与保守观点的“劳工联合会”(American Federation of Labor)成员就是否按照自下而上原则建立德国工会展开了激烈辩论。两派的观点都在美占区部分地域得以实施,直至1946年年初“产业联合会”派的代表沃尔夫被解职,保守派意见才最终取胜。[①] 1946年夏,依照自上而下重建的原则,美方将德国劳工代表团主席及书记送回国内,协助工会建设工作。虽然美方盟管机关借助从上而下的原则得以加强了对德国工会的组织控制,但并不赞成建立占领区级的工会组织。

相形之下,英国在工会建设上显得更有效率。作为四大占领区中工业最为集中的地域,英国迫切需要尽快重建工会以满足当地工人需求。英方管制当局以英国工会组织——职工代表大会(Trades Union Congress)为模板,“允许任何一群在就业问题上有共同利害关系的工人”组织工会[②]。在英方的温和政策下,德国工会运动家立刻着手建立一个高度集中的工会以期回避过去工会运动分裂所造成的弊端。此举引起了英方的不满,他们认为这会导致“德国人依旧把工会视为一种主要政治力量,而不是工业力量”[③],从而重蹈纳粹劳工阵线的覆辙。因此英国解散了这些组织,改按从下而上的原则通过基层选举来组建新工会。1946年3月,新成立的德国工会在汉诺威举行第一次代表大会,成立了工会区委员

① 张沛:《凤凰涅槃——德国西占区民主化改造研究》,第123页。

② 迈克尔·鲍尔弗、约翰·梅尔:《四国对德国和奥地利的管制1945—1946年》,第386页。

③ Barbara Marshall, “The Democratization of Local Politics in the British Zone of Germany: Hanover 1945 - 1947”, *Journal of Contemporary History*, Vol. 21, No. 3 (July 1986), p. 432.

会和书记处并获英国管制当局批准。英方盟管机构,在西方三大占领区中率先认同并完成了建立占领区级工会的初步工作。

而对于工人运动驾轻就熟的苏联而言,在占领区建立工会要快捷方便得多。早在1945年6月10日,ACC建立以前,苏联就宣布在柏林设一个8人委员会以维护柏林工人利益。翌日,该委员会公布组成德国自由工会(Free German Trade Unions,德语Freier Geutsher Gewerkschaftsbund,简称FDGB)。① 7月10日,苏占区宣示工人团结到该"自由工会"之下。FDGB成立后,成为了苏方盟管当局的左膀右臂,它作为苏占区的唯一工会而存在,按照地域划分附属分会,以地方工会为基础建立起了18个附属工会。可以说苏占区是四占区中最先建立占领区级工会的。FDGB甚至曾设想在柏林组建一个统辖四管制区的单一组织,但最终未能获得各管制机关的批准。然而,从此举已经可以看出,苏联的工会政策存在这样一种意愿:将各占领区的工会组织整合到一个平台上,再运用其对FDGB的扶持施加对西方三国工会组织的影响。

相对于以上经济制度重建措施,土地改革针对的是德国经济中的另一组成部分——容克地主。由于普鲁士容克地主正是主张军国主义、支持纳粹分子的主要力量,故为清算并根除这一社会阶层的影响,盟国均同意从经济基础上打击容克地主。在盟国对德管制委员会的四占领方中,苏占区领土因属于普鲁士容克地主的传统影响范围,因此最为关注土地改革政策。相对而言,其他占领区容克地产较少,土改需求并不迫切,因此虽然都对进行土改这一

① M. A. Kelly, "The Reconstitution of the German Trade Union Movement", *Political Science Quarterly*, 1949.3, p.26.

原则表示赞同,但实际上并无积极作为。再加上西方占区属于德国工业经济地区,本身就缺乏农作物生产,为应对战后的资源短缺现象,西方三国的盟管机关往往将更大的精力放在加大农产品产量和追究容克战犯上;而容克大地产制在保证产量和效率上本身便具有优势,因而即便西方盟管机关下令没收容克土地,一般也会给予相应赔偿,并将大庄园保留下来重新投入生产;其私人占有土地的限度较之苏联宽大许多,实施往往也被拖后。其整改目标更多在于消除原容克制度中的军国主义因素,而并不寻求建立新的农业所有制。

土地改革对于苏联盟管当局而言之所以格外重要,是因为苏联欲依此实现的,不仅有经济目标,更有政治意图;同时,苏占区在土地占有方面所面临的严峻阶级问题等也是不争的事实——"在土地改革以前,全部农户的98.5%是劳动人民,却只占有全部土地的54.6%。反之,只占全部农户1.5%的大地主和容克地主却占有全部土地的45.4%"①。容克地产制长期存在导致的土地占有不平衡问题随着终战后容克地主的逃亡及难民的涌入而严重激化。为此,苏联早在德国投降之初就做了相应政策准备。1945年7月份,一名德国共产党员埃德温·赫尔恩勒(Edwin Hernle,1883－1952)就携带了莫斯科制定的土改全面指示飞抵柏林,并被当时的苏联军政府任命为农业部门负责人②;8月初,土改法令便予以公布,规定没收战犯、纳粹党及原属法西斯政府的土地,无偿没收超

① 维纳·洛赫:《德国史》,北京大学历史系世界近现代史教研室译,北京:生活·读书·新知三联书店,1959年,第633页。

② 迈克尔·鲍尔弗、约翰·梅尔:《四国对德国和奥地利的管制1945—1946年》,第116页。

过100公顷的私人农庄。根据这一政策,苏占区将没收11500个庄园,土地近300万公顷。[①] 其中除三分之一留给乡镇团体等公共事业机关使用外,其余均按每人5—8.5公顷的原则分配给原农庄农业工人、难民及少地农民。这一土改法令实际上彻底改变了苏占区原有的土地所有制。但同时也能观察到其中许多有趣的现象:首先,这次土改分地的对象仍是个人,而非苏维埃式的集体农庄或农业生产合作社,因而其建立的实际上是一种小地产制度,并以此在苏占区催生了以原无地农民、难民及非农业工人所组成的"新农场主"阶层。由此可见,苏联实际上仍存在着是否把社会主义制度引入德国的顾虑,这与二战后期苏联认为德国尚无资格接受社会主义的观点无疑是相一致的。其次,土改名义上由德国共产党人自发推行,并由苏方盟管机构监督并"保驾护航",[②]这一做法与苏占区工会制度的建立过程有异曲同工之妙,显然有着为苏方管制当局及德国共产党争取新兴农民阶层的政治考虑。

就盟国对德管制委员会层面来看,占领初期的工业限制与经济制度重建,实际上也是各国对德经济政策的体现。就工业限制计划而言,其本质无疑是惩罚性的,是美英"经济非军事化"与苏、法"赔偿最大化"的妥协,但也为德国和平经济的发展明确地开了绿灯。而在经济制度的重建上,各国在去除纳粹因素影响的同时,也极力向占领区引进本国的经济制度,并依据各自经济观点对占

---

① 冯琪:《苏联对德国的政策与德国的分裂(1945—1955)》,硕士学位论文,中国社会科学院,2005年,第14页。

② 苏方ACC代表朱可夫就曾亲自出面严厉申斥苏占区自由民主党主席科赫反对土改的言论,并迫使其接受土改计划,类似的情况也常在苏占区其他反对党身上出现。请参阅:Gray Bruce, *Resistance with the People*, *Repression and Resistance in Eastern Germany* 1945 - 1955, Harvard, 2003, pp. 29 - 32.

领区经济采取了初步的改造。总体而言，由于该阶段各占领区经济制度尚在形成阶段，因此 ACC 的经济观点趋于一致。工业限制、非集中化、工会重建与土地改革的主张都得到了四方响应。但随着各占领方的经济改革措施日渐深入以及占领区经济情况的恶化考验，虽然宏观上对于经济改造德国的一致重视，但 ACC 内各方在对德经济上的政策立场也势必渐行渐远。

三、地方政治与政党的重建

《管制初期处置德国的原则》第 9 条明确规定，盟国管制委员会下的德国行政需"分散政治结构并发展地方职责"。[①] 对于 ACC 来说，这一任务的完成，首先就必须恢复被战争破坏的德国地方行政制度，并重新组织在纳粹政权下被牢牢压制的政党体系，从而最终实现德国政治的民主化。

盟国对德管制委员会的这一"政治民主化"进程最终决定由确立基层民主制开始，通过自下而上的方式实现政治民主。这一策略是由 ACC 当时所处的政策环境决定的：首先，四国均认为德国之所以会出现民主失败、纳粹成功的局面，上层的责任不容推卸，因此对德国现存政治力量自行进行政治改造的方案均持不信任态度，而法国又坚决反对在德国建立新的中央政府。因此盟国希望能通过基层民主实践来产生新的民主政治力量，承担重建民主的

① "The Political and Economic Principles to Govern the Treatment of Germany in the initial Control Period: A. Political Principles, August 2, 1945", *Enactment and Approved Papers of the Control Council and Coordinating Committee* 1945, Vol. 1, p. 22.

重任。其次,盟国总体上对德国近代改革以来的地方自治政府民主传统持肯定看法,故认为能够以此为抓手。加之地方政治被局限在占领区范围之内——早在 1945 年 6 月期间,四占领区为稳定战后局势均已任命了州以下地方行政当局的人选,仅未引入民主机制而已。[①] 因此各国可在回避是否实现德国中央统一这一 ACC 传统难题的情况下依照各自方针灵活展开,具有极大可操作性。综合这些原因,ACC 下各国当局按不同步调及设想展开了地方政治的重建工作。

在美占区,1945 年 7 月开始在乡村、镇、市建立由军政府遴选的议会。在西方占领区中,美方动作如此之快,源于让德国人在实践中学习民主,从而减轻盟管当局负担的方针——"如果德国人要学习民主方法,最好的办法是迅速从地方一级开始。而且这将有助于我们大量减少军政府人员的数目"[②]。基于这一原则,州一级的议会也在 1945 年 8 月至 9 月期间经指定产生。1946 年 1 月,旨在帮助占领当局处理政治事务的咨询议会也按盟管机关指令建立起来。同时,以克莱为首的另一批盟管机关官员则从另一个方面推进着美占区地方政治的发展,克莱自己就曾明确表示"及早进行选举是美国的信条",实现地方政治组织的民主选举,取代管制机关所确定的人员也是重中之重。[③] 按照克莱的计划,美占区镇级选举在 1946 年 1 月 20 日到 27 日举行,乡村选举在 4 月 28 日举行,

---

① 张沛:《凤凰涅槃——德国西占区民主化改造研究》,第 155 页。

② 迈克尔·鲍尔弗、约翰·梅尔:《四国对德国和奥地利的管制 1945—1946 年》,第 298 页。

③ 迈克尔·鲍尔弗、约翰·梅尔:《四国对德国和奥地利的管制 1945—1946 年》,第 299 页。

而市级选举将在5月26日进行。1946年2月,军政府便命令占领区各州准备宪法。而在占领区层面上,1945年10月,美方管制机关就在斯图加特成立了美占区各州委员会常设协调处,以使美占区三州的总理能通过每月与克莱的会晤行使协调机构职能;虽然此时该协调处仅具有最低限度的秘书处职能,但随其职能范围扩大,它作为占领区政治权力机构的地位也将不断凸显。[①] 从美方盟管机关重建德国地方政治的决策程序来看,这一阶段美方的重点在于鼓励德国人参与民主程序和选举,并在德国营造重视选举的政治氛围。显然美方认为学习民主最好的方法就是让德国人自行参与民主实践,使德国人在投票及参政过程中获得政治教育,因此倾向于将更多责任交给德国人,同时也间接减轻了美方所面临的人员与工作负担。整个过程中,美方当局所承担的只是奠基、引导和监督的作用而已,大量的具体工作均由德国方面承担。

相对于美国,英国在速度上落后了许多。英方管制当局于1945年9月开始在乡村、镇、市建立议会。但英方对选举并不重视,在ACC初期阶段并未完成初次选举;就州一级层面而言,其选举工作也显得遥遥无期。而相对于选举及立宪方面的迟缓,占领区级别政治机构的发展却是突飞猛进,从1945年到1946年,为了解决管制工作中面临的问题(以粮食问题为主),英占区建立了德国的一系列行政机构以作为管制当局的助手,并通过英国渠道从占领区级别向州一级下令;1946年3月,这些机构在明登整合成为德国经济顾问委员会,成为具有占领区级政府因素的机构。对于英国而言,这种轻选举而重管制的理由很充分:一方面,盟国管制

① 张沛:《凤凰涅槃——德国西占区民主化改造研究》,第170页。

委员会内部一直有着将英占区内普鲁士州的领土进行分裂,以消除军国主义源头的主张,因此其地域政治划分尚未完成,也就难以形成稳定的地方政治制度,州乃至占领区级别的选举及立宪也就不得不拖延;何况,依照英国的看法,在不熟悉的国家里推动民主化过程本身就不宜太快①。另一方面,英占区作为德国主要工业区,食品短缺及ACC限制下经济状况的恢复情况十分严峻,美占区的分散权力的做法、鼓励德国人参与的政策并不利于英方盟管当局的统筹控制。因此,英方管制当局从一开始就把英占区当成一个需统一管理的整体看待,州政府本身只是占领机关的附属机构而已,加上英国建立有占领区级别的咨询委员会及经济顾问委员会,州乃至占领区一级的选举立宪也就不那么迫切了。

法国则在地方政治问题上把权力的分散做到了极致。在整个盟管初期阶段,法国都不允许任何乡、县级别的选举;任何占领区内和超占领区的联合均被禁止。仅在1946年1月,法方才在科布伦茨建立了一个协调民事行政的机关,但也因为法国在德国中央行政方面的警惕而丧失了意义。② 在法占区,任何超越州界的政治形式都不被允许,相当多的协调工作都由法国人自己完成,法方对德国人的政治排斥可见一斑。该阶段法国在德国地方行政问题上主要还是出于自身安全的考虑,竭尽全力避免德国出现强大的中央政府。法占区政策的特殊之处在于萨尔。1945年夏,法国在萨尔成立了独立于法占区其他部分的行政机构,为萨尔以后一度在

---

① 迈克尔·鲍尔弗、约翰·梅尔:《四国对德国和奥地利的管制1945—1946年》,第111页。

② 张沛:《凤凰涅槃——德国西占区民主化改造研究》,第171页。

经济上加入法国,政治上脱离德国埋下了伏笔。

此时真正在这一问题上引起 ACC 内部争议的是苏占区的政策。在 1945 年 7 月 4 日,苏联军政府宣布在苏占区所辖五个州中建立德国政府。[①] 据其文本而言,有相当多的职权都移交给了这些政府。根据这一宣言授予德国人名义上的自治权已非其他三占区所能及,但真正的焦点不仅在此。重要的是仅仅一个月不到的时间,苏联于 7 月 27 日在苏占区建立了 12 个中央行政部门。[②] 此举掀起了轩然大波,因为无论从后来波茨坦会议确定的《管制初期处置德国的原则》精神而言,还是从同为 ACC 成员的法国的反对中央行政态度而言,这都是难以接受的。就《管制初期处置德国的原则》来说,苏、美、英三大国占领方基于波茨坦会议意见达成协议,认定只应建立协议所规定的中央行政部门,暂时不设中央政府;占领边界不过是军事边界,并无建立占领区一级行政机构的必要。反之,如果苏方设立这些部门是为《管制初期处置德国的原则》所设想的未来将要建立的全德机构提供模板的话,那法国对此的反对将使这一形式根本无法在 ACC 通过。对苏联这一决策的解释可谓众说纷纭,但必须明确的是,从直接结果来看,这些建立起来的部门在该阶段实际上只有管理苏占区的表面任务,仅起顾问作用,并不能直接命令州政府,具体的指令下达与实施依然要依靠苏联盟管机关这一渠道。因此,这些机构在苏占区的出现实际上只是

---

① Norman M. Naimark, *The Russians in Germany*, 2001, p. 44.

② 这些部门包括工业部、燃料电力部、贸易供给部、农业部、运输部、财政部、劳动部、教育部、司法部、邮政部、卫生部、难民部,实际上已经包括了一个完整的政府体系。可参阅:Beate Ruhm von Oppen (ed.), *Documents on Germany under Occupation 1945 - 1954*, pp. 64 - 66.

美英类似的占领区级辅助政治机构的提前建立而已；只是在当时 ACC 仅在名义上建立，波茨坦会议尚未召开，各盟国合作关系十分敏感的情况下，这一破坏了以往默契共识的行为势必会造成夸张的解读。可以肯定的一点是，这种行为无疑体现了苏联此时对建立占领区中央行政的兴趣。这一既无益于经济赔偿的直接实现，也与削弱德国的原则背道而驰的行为，却由苏联以如此迅速的速度推行，表明在 ACC 初期阶段，苏联的政策重点已经在原来的赔偿与安全两大重点上有所犹疑，但并未做出断然举动，只求做出先期准备来为将来可能出现的统一德国作铺垫；对这些中央机构而言，苏方对其职能的刻意削弱也说明此时的苏联并无意破坏《波茨坦协定》精神，更不想由己方承担 ACC 决裂的责任。与高级行政机构闪电般的建立速度形成反差的是，苏占区议会的建立与选举进程与美英类似，1945 年夏开始在乡村地方上建立由苏方指定的议会，1946 年 1 月进行县镇级别的选举。① 可见相对于推进民主进程，苏方更重视对于实际政权的掌握；而让其他三国踌躇的占领区级别行政机构建立问题，对于苏联来说却是当务之急。这就使得自下而上的 ACC 改造原则在苏联重建德国地方政治的实际历程中并未得到真正贯彻。

虽然《管制初期处置德国的原则》第 9 条第 2 款规定“德国各地的一切民主政党及其集会和公开讨论的权利，应得到承认并加

---

① 迈克尔·鲍尔弗、约翰·梅尔：《四国对德国和奥地利的管制 1945—1946 年》，第 306 页。

以鼓励”,[1]但由于西方三国的盟国当局认为旧有的德国政党制度及结构都是不健康的,并不足以承担政治责任,因此普遍在战后管制中禁止一切德国政党的活动。这一举措被称为“反思期”。[2] 但是随着政党活动在苏占区迅速恢复,盟国面临一个局面:如果不取消禁令,则西方三国占区势必会在《管制初期处置德国的原则》所设想的未来统一德国中处于政治不利的位置。为此,西方盟国不得不跟随苏联,依据波茨坦精神为德国政党活动开禁。因此,在ACC初期推崇“四国一致”原则的气氛下,各占领区政党的重建实际上却是“被动一致”的结果——而苏联,正是发起这场“政党恢复运动”的急先锋。

1945年6月4日,与苏方盟管当局决策息息相关的三位苏联要人:斯大林、莫洛托夫、日丹诺夫与德国共产主义者在莫斯科进行了会晤,表示苏联支持成立德国共产党,并会援助其“完成资产阶级民主革命”。[3] 在这一前提下,苏方盟管当局迅速做出了恢复德国政党政治的决策。6月9日,苏联军政府依据《苏军政府第1号令》宣布成立后,朱可夫于次日颁布《苏军政府第2号令》,允许经苏军政府登记接受的政党、工会及其他政治组织进行自由活动。在苏军政府鼓励下,6月11日,德国共产党(KPD)成立;6月15日,德国社会民主党(SPD)成立;基督教民主联盟(CDU)及自由民主党(LDP)等亦随之成立。[4] 在这样的环境下,苏占区政党得以迅速

① “The Political and Economic Principles to Govern the Treatment of Germany in the initial Control Period: A. Political Principles, August 2, 1945”, *Enactment and Approved Papers of the Control Council and Coordinating Committee* 1945, Vol. 1, p.22.

② 张沛:《凤凰涅槃——德国西占区民主化改造研究》,第183页。

③ Norman M. Naimark, *The Russians in Germany*, p.258.

④ Norman M. Naimark, *The Russians in Germany*, p.260.

恢复,且以多党制形象出现,从表面上看并未显示出明显的无产阶级专政特点。但这也带来了一个问题,就是如何使苏联支持的德国工人政党获得政治优势。苏联的办法是进行“政治合作”——苏联领导人向德国各党派领导人表示,各反法西斯政党之间的合作是各党派从事政治活动的先决条件。基于这一条件,1945 年 7 月 14 日,德国共产党、社会民主党、基督教民主联盟与自由民主党结成了“反法西斯联盟”(Antifascist Bloc)。[①] 需要指明的是,由于德共与莫斯科有着直接联系,因此这一过程中,一直以来对德影响颇大的苏方盟管当局实际上只起着被动承认的“橡皮图章”作用。

由于种种历史原因,当时德国共产党的社会影响远不如社会民主党;加上 11 月 4 日和 11 月 25 日共产党在匈牙利、奥地利的选举受挫,使得苏联盟管当局产生悲观的心理,认为德共可能会在未来的苏占区乃至全德选举中遭遇失败。为避免这一结果,苏方盟管当局决定向莫斯科要求实现德国共产党与社会民主党的合并,以加强工人政党的力量。苏联盟管当局宣传厅负责人秋尔潘诺夫总结称:“我记得,早在去年(即 1945 年)10 月就讨论了一些问题,尤其是两党合并问题。11 月,我们向军事委员会提交报告时提出了这一问题:如果不能实现两个工人政党政治上的合并,那么在选举中我们就要失败。”[②]1946 年 1 月底,苏方 ACC 代表朱可夫与社会民主党主席格罗提渥进行单独谈判,正式提出了这一要求。2 月 2 日,斯大林在同德共领导人乌布利希的会谈中申明:“同意合并,

---

① 冯琪:《苏联对德国的政策与德国的分裂(1945—1955)》,硕士学位论文,中国社会科学院,2005 年,第 11 页。

② 沈志华总主编:《苏联历史档案选编》,第 440 页。

这是正确路线。”[①]苏占区两党合并至此一锤定音。最终1946年4月21日，苏占区德国共产党与社会民主党在柏林召开两党统一代表大会，成立德国统一社会党（SED）。至此，苏联盟管当局在苏占区的政党组织工作方告一段落。

在苏占区政党重建的过程中，可以看到划分清晰的两个阶段：首先，在《苏军政府2号令》颁布后，苏占区的政治活动处于积极开放的状态。虽然苏联倾向于德共，授意苏方盟管当局颁布此令也是为德共合理参与政治出发，但毕竟在客观上打破了盟国对德国政治活动的封锁。但随着苏方盟管当局对德共力量以及德国政治未来走势的担忧加深，为政治胜利而追求的党派合作及两党合并工作引起了英美等其他盟管当局的反制。ACC下由苏联而起的德国政治开放局面又随苏联的决策变化，而陷入到各盟管方互相提防对方政党渗透的僵持局面。

相对于苏军政府的大刀阔斧，西方在开放党禁的速度方面要缓慢谨慎得多，且大抵在波茨坦会议之后，方才依据协议要求逐步实施。美方管制当局在1945年8月27日允许政党在县一级建立组织，11月23日允许在州一级建立组织，占领区一级则拖到了1946年2月。在美占区，各党派需将纲领呈交占领当局，定期汇报并说明经费来源；领导人需经详细审查，未经同意不得召开公众大会，各类党派文献需上交副本；一切制服、徽章、袖章等政治标志均依照盟国管制委员会命令予以禁止。[②]在英占区，9月14日ACC

① Wilfried Loth, *Stalin's Unwanted Child, the Soviet Union, the German question and the founding of the GDR*, London: Palgrave Macmillan, 1998, p. 33.

② 迈克尔·鲍尔弗、约翰·梅尔：《四国对德国和奥地利的管制1945—1946年》，第324页。

代表蒙哥马利宣布允许成立党派组织“以便在德国发扬民主精神，为日后选举做好准备”①;英方在次日颁布第10和12号令后解除党禁,但到12月后才允许政党作较大范围活动。且英占区内政党所有申请均需严格审查,党派一切资料、履历都需仔细研究。法占区则一直拖到了1945年12月份才准许政党活动,1946年1—3月准许成立州级别的政党组织;但依照法国反对出现一切德国中央行政可能的精神,任何超出州界和占领区的整治活动都被严格禁止,以确保未来的德国在政党政治下仍为一个松散联邦。

就盟国对德管制委员会内各方相较而言,西方三国占区重建地方政治及开放政党活动之缓慢,审查限制之严厉都是显而易见的。美、英、法三方盟管当局在政治重建问题上的“被动”处境可想而知。如果不是苏联方面快刀斩乱麻地建立起行政机构,恢复了政治活动,西占区的政治“反思期”势必还会延续下去。但相对而言,苏占区在政治重建上的“得力”,虽然有着接受德国人“政治自理”的遮掩,可从根本上是一种直接干涉、自上而下的有计划的政治布局,并非ACC精神所要求的自下而上的政治重建;虽将占领区该阶段政治目标限定为实现“资产阶级民主革命”,仍拒绝向“不够格”的德国输出共产主义,但事实上已在苏占区移植了以莫斯科为中心、苏方盟管当局为监督与后盾、德共及后来的统一社会党为执行工具的高度集中的斯大林体制架构。

当然,单纯就实际行动来讲,苏方该阶段的行动仅仅是对雅尔塔、波茨坦会议以来决议结果的超前执行而已,并未超越ACC内四

---

① 迈克尔·鲍尔弗、约翰·梅尔:《四国对德国和奥地利的管制1945—1946年》,第325页。

国合作所允许的范畴。但对于ACC内合作关系而言,苏联政治上的“超前行动”无疑是一个特例,因为四国虽然最终都完成了解除党禁开放政治活动的任务,维持着“合作”的态势,但态度截然不同。苏方为了扶持德共并通过其掌控苏占区政治,在ACC设想的未来统一德国中谋求政治先机,加速德国政治开放并通过合作、合并的方式加强德共是不二选择。而其他盟管当局的立场显然是对于苏联的反应,通过在其各自占领区恢复政党制度来设置政治藩篱,杜绝苏联支持下的德共渗透影响,政治斗争的目的要远远大于恢复德国政党民主政治的要求。虽然德国的政党政治借此摆脱了纳粹独裁影响重获新生,但就盟国对德管制委员会层面而言,这一行动的“四国一致”可说是初期阶段诸多对德改造共同措施中最不和谐的音符了。

四、非纳粹化与“再教育”的确立

《波茨坦协定》阐述了盟国对德管制委员会在“非纳粹化”方面所应承担的任务:“战争罪犯以及参加策划或推行纳粹计划,而造成暴行或战争罪行的人物,必须逮捕法办。纳粹领袖、支持纳粹之有力人物、纳粹机构和组织中的高级官员、其他危害盟国占领及其目的者,均应逮捕和拘留。一切纳粹党徒,除仅在名义上参与该党活动者外,以及其他对盟国目的持敌对态度者,不得担任公职或半公职以及在重要的私人企业中负责的职位。这些人必须由被认为在政治和道德品质上有助于发展德国真正民主制度的人予以接替。"[①]基于这一精神,"非纳粹化"成为ACC下四国占领机构的共同原则;但实际上由于各国政府在波茨会议上的争论重点胶着在赔偿、边界划分等涉及具体利益的问题上,"非纳粹化"并未经充分讨论,只是被视作"理所当然的原则,而没有试图决定确切地该做哪些事"[②]。ACC在这一问题的"顺利一致"实际上是由历次国际会议规避讨论而达成的,这也就使各国管制当局势必会做出不同力度的处理措施。1945年11月20日,ACC颁布第10号法律《惩办战犯》,配合纽伦堡审判对德国各占领区内战犯进行追究和清算[③]。1946年1月12日,ACC制定第24号规章《卸除纳粹分子及反对盟国目的者公职岗位》(Directive No. 24: *Removal from Office and from Positions of Responsibility of Nazis and of Persons Hostile to Allied Purposes*),在德国公共机关中清退纳粹分子与盟国政策反对者;[④]但对广大一般纳粹分子的处理,各国在这一阶段未能达成协议。

就该阶段而言,美国是最为积极的,其"非纳粹化"手段也最为符合《波茨坦协定》的初衷。为彻底清除德国"纳粹积极分子及其

---

① 萨纳科也夫、崔布列夫斯基编,北京外国语学院译:《德黑兰、雅尔塔、波茨坦会议文件集》,北京:生活·读书·新知三联书店,1978,第244—245页。

② 迈克尔·鲍尔弗、约翰·梅尔:《四国对德国和奥地利的管制1945—1946年》,第276页。

③ *Enactment and Approved Papers of the Control Council and Coordinating Committee* 1945. Vol. 1, Compiled by Legal division, legal advice branch, drafting section office of military government for Germany, Berlin, 1945, p. 306.

④ *Enactment and Approved Papers of the Control Council and Coordinating Committee* 1946. Vol. 2, Compiled by Legal division, legal advice branch, drafting section office of military government for Germany, Berlin, 1945, p. 16.

狂热同情者"[①],美占区要求所有担任公职及半公职的德国人填写个人问题调查表,交代在希特勒统治时的政治表现,依据调查结果决定是否将其清除出公共机构。此外,美占区还进行了大规模的搜捕,1945 年 9 月便拘禁 66500 人,[②]1946 年 2 月达到 10 万人。但是大范围的调查与搜捕工作也大大加重了美方盟管当局的负担,数以百万计的案卷积压无力处理。美方管制当局协调委员会代表克莱就抱怨称,即使华盛顿再给他派一万人,他也无力将美占区非纳粹化并加以保持。[③] 为此,克莱批准成立的非纳粹化政策委员会展开了调研评估,并指明美占区"非纳粹化"的缺陷主要在于缺乏德国人的参与配合。[④] 这迫使美占领当局开始吸收德国的抵抗人员、民主人士、"历史清白者"及政治"无负担者"参与合作,以达到"由德意志人自我清洗"的目的。[⑤] 1946 年 3 月 5 日,美占区颁布《从纳粹主义和军国主义中解脱出来的法律》(以下简称为《解脱法》),成立解脱局,吸收德国方面符合条件人员的参与;将非纳粹化的实施任务移交给德国人,占领当局负责监督。[⑥] 可以说,这一阶段美方管制当局的"非纳粹化"措施是符合 ACC 精神的,但其严厉措施所导致的巨大工作量超出了美方的预想;而其对策——吸收德国人合作,由德国人"自我清洗"的理念,无疑也是美国所抱持

① 转引自:郑丽:《二战后盟国对德国的"非纳粹化"改造》,《武汉大学学报(人文科学版)》2010 年第 5 期,第 616 页。

② 迈克尔·鲍尔弗、约翰·梅尔:《四国对德国和奥地利的管制 1945—1946 年》,第 278 页。

③ John Gimbel, *The American Occupation of Germany*, p. 102.

④ John Gimbel, *The American Occupation of Germany*, p. 103.

⑤ 张沛:《凤凰涅槃——德国西占区民主化改造研究》,第 46 页。

⑥ Harold Zink, *The United States in Germany* 1945 - 1955, New York: D. Van Nost Rand Company, 1957, p. 161.

的“让德国人在实践中学习民主”观点的体现。通过这一途径,美方管制当局得以在不放松政策严厉程度的条件下,在以后阶段继续扩展“非纳粹化”活动。

英占区的非纳粹化则具有较强针对性。在推行有力的非纳粹化同时,英国极力避免德国社会随大规模的逮捕调查而崩溃。艾登就曾明确表示英方“倾向于一项中间政策,既包含严格乃至极度严格的镇压因素,也要把终极目标定在重新接纳德国进入欧洲生活之中”,[①]同时防止德国应受到盟国严惩而倒向苏联。因此,英国的非纳粹化过程实际上被严格限制为一项司法程序,而非政治清洗,抑或道德改造。英方管制当局将追究对象限定在法律上犯有并供认罪行的纳粹分子,并且尽量使用德国的刑事法律作为审判依据。英方所做的有意限定使得英占区的非纳粹化推行在不减弱力度的前提下得到了大大简化。依照英方的处理原则,1945 年年底,英占区有 70000 人被拘禁。[②]

与英、美相比,苏、法两国的“非纳粹化”立场较为相近,都有着浓厚的实用主义色彩。苏联认为,纳粹主义“主要植根于与资本主义相关的社会经济条件之中……正是腐朽的资本主义产生了法西斯主义”,因此,“假使受到谴责的是经济制度,那么解决办法就必须是改变这种制度”。[③] 这种态度无疑是与苏联要求巨额经济赔偿,实施土地革命并移植计划经济的动机是一致的,均是为了消灭

---

① Jill Jones, *Eradicating Nazism from the British Zone of Germany: Early Policy and Practice*, p. 148.

② 迈克尔·鲍尔弗、约翰·梅尔:《四国对德国和奥地利的管制 1945—1946 年》,第 278 页。

③ 乔治·惠勒:《美国对德政策(1945—1950 年)》,贺丽译, 北京:世界知识出版社,1960 年,第 146 页。

支持纳粹与军国主义的大工业集团与容克地主经济。但这种将责任托于制度问题的看法，也就使得落实在具体人员上的罪责得到了减轻——事实上，“非纳粹化”在苏占区官方被称为“反法西斯的民主转化”①，并如苏方一贯方法交给了德国人自行实施，给予的自由度甚至超过实行《解脱法》后的美占区，这与其说是一种司法惩罚，还不如说更像是彻底的思想改造。由于认定制度为主要原因，因此苏方盟管当局将整治力度集中在了经济、教育、公共管理机构中的纳粹头面人物以树立典型，以在社会各界激发反对纳粹主义的反思与吁求。一般的普通纳粹分子，以及愿意转而为占领当局服务的技术人员，只要能够与纳粹主义划清界限，都获得了宽大处理。苏占区公共机关中的德国人平均每8人才解职1人，纳粹外贸代表兰德韦尔、著名机车工程师奥赫尔和坦克专家奥古斯廷等都获得了苏方的重用，曾有苏联人就此评论盟国政策称：“因为我们不大可能在政治上受影响，我们敢于尽量利用纳粹分子的聪明才干。对于你们来说情况就不同了。”②但是要指明的是，苏方盟管的宽大政策并不意味着该阶段苏联对于纳粹分子的打击流于软弱——因为在战争尚未结束时，苏联就已派出向莫斯科负责的秘密警察，由苏联内务部指导在德境内成立诸多“工作组”，对顽固的纳粹分子进行镇压，并依托这一体系在1945年夏秋展开了逮捕行动。③ 苏方盟管当局所要处置的对象本身只是大搜捕的漏网之鱼

---

① Jürgen Weber, *Germany* 1945 – 1990 *A Parallel History*, Central European University Press, p.7.

② 迈克尔·鲍尔弗、约翰·梅尔：《四国对德国和奥地利的管制1945—1946年》，第282页。

③ Norman M. Naimark, *The Russians in Germany*, p.379.

而已。

对于当时的法方盟管当局来说,德国人总体上不可救药,故一时的“非纳粹化”具体措施并不是他们所关心的——他们宁愿把希望赋予长期的检验。首先,是因为法国削弱分裂德国的基本要求并未在ACC得以实现。其次,是由于法方对德国人持根本上的不信任态度——法方认为纳粹党成员身份并非有效犯罪证据,非纳粹党成员不见得就无辜;故德国凡成年人都不能信任,只有未接触纳粹毒素的青少年才是希望。再次,法国人认为纳粹在德国的出现是历史的必然:“希特勒是德国历史的逻辑,那么,作为追究个人责任的非纳粹化政策就没有任何意义了。”①因此,法方盟管当局的“非纳粹化”政策,更多立足于占领区利益及维护“再教育”进程不被污染破坏。虽然法方曾随美占区采用过调查表的办法,但很快就因其烦琐低效而放弃,并在1946年形成了自己的体系。法占区本身只对被告进行审讯,且由指控者所在职业审查委员会来具体办理,允许被告聘请辩护律师,可以说与一般诉讼无异。为何法方不信任德国人却给予宽大处理?这基于法方在实践中考验德国人的观点:“通过接触,就能识别谁在有人监督的情况下工作靠得住。”②因此法方跟苏方一样对一般纳粹分子的过往经历不甚看重。对于有利用价值的纳粹分子,法方会给予宽大;而对不利于法方管制的对象,法方管制当局则不惜以“非纳粹化”为借口予以惩罚——例如对萨尔最大联合企业总裁赫尔曼·罗西林(Hermann

---

① 阿尔弗雷德·格鲁塞:《法国对外政策(1944—1984)》,第28页。

② 迈克尔·鲍尔弗、约翰·梅尔:《四国对德国和奥地利的管制1945—1946年》,第282页。

Röchling,1872 – 1955)的审判,定罪原因就不是因为他曾支持纳粹,而是他不愿意在萨尔问题上与法国合作。[①] 用法占区副军事长官佩兰・佩尔蒂埃(Perrin Pelletier,生卒年不详)的话来讲:“我们法国人采取的看法是每个德国人过去都是纳粹分子,现在还是纳粹分子,如果你们不想杀光所有德国人,你们就得同这些纳粹分子合作。在萨尔,我们没有犯‘非纳粹化’的愚蠢错误。”[②]法国该阶段对于非纳粹化问题的看法也就毋庸多言了。

在 ACC 下属的四大占区中,美占区的策略是最接近于波茨坦精神的,但也因此遭遇了现实问题的阻碍,不得不寻求德国人的参与配合。而英方管制当局通过将“非纳粹化”限定为司法程序减轻了负担,但也凸显了扶持德国回归欧洲的方针。苏联和法国盟管当局的立场都体现出了极大的利益考量,可以说在苏、法占区“专家们赶上了好时机”[③],以本国及占领区利益为先的实用主义态度以及将纳粹起因归结于非人为因素的观点(苏联认为是资本主义制度,法国则认为是军国主义历史积累)使得它们不约而同地在各自占区实施相对宽松的措施。盟国对德管制委员会下各占区“非纳粹化”任务执行强度的不平衡,为各占领区之间对互相“非纳粹化”程度的指责埋下了祸根。同时,随着“非纳粹化”在未来的进一步推进,这种执行强度的不平衡为各国“非纳粹化”立场的进一步分化做出了铺垫,但归根结底,执行强度的不同和观点的差异其实并未影响“非纳粹化”这一宗旨本身的效果,各占领方都以各自手

---

① 张沛:《凤凰涅槃——德国西占区民主化改造研究》,第 56 页。

② 埃德温・哈特里奇,《第四帝国》,第 96 页。

③ J・温特立:《德国问题内幕》,宾符译,上海:世界知识出版社,1948 年,第 13 页。

段和观点实际上保证了清除纳粹影响,无非是手段的不同,大规模审查、司法诉讼、批判宣传与大搜捕以及控制监督都极力从个人实体或精神舆论层面约束着纳粹分子,纳粹思想在任何占领区都处于"老鼠过街、人人喊打"的局面。真正的"非纳粹化"初衷实际上已经在此时德国这一片高涨的社会氛围中达成了,真正有所区别的其实只是运动中对具体个人追究方式与强度的这一类底层差异而已。

在教育宣传方面,盟国对德管制委员会在存在初期便确立了以"再教育"为纲领的社会文化恢复工作。"再教育"理念最早由英国提出,其理论初创者范西塔特认为若要改造德国,"没有精神上的变化,其他的治疗方法或仅仅行政和技术上的考虑都不可能是永久的"。① 1944 年起,英国与各盟国就"再教育"的战后实行展开协商,盟国最终均接受了这一政策。在《波茨坦协定》中,各盟国保证:"对德国的教育必须实行监督,以彻底消除纳粹和军国主义理论,并使民主思想的发展成为可能。"②为了实现全面的"再教育",各盟国往往从两个方面入手,即对德国成人的社会宣传及对青少年的教育革新。

为了保障"再教育"的顺利推行,ACC 决定先行消除纳粹因素。在青少年教育领域,各国盟管当局暂时关闭所有教育机构和学校,对整个教育体系进行严密监管,清洗教师中的纳粹分子。各国对

---

① Lothar Kettenacker, "The Planning of 'Re-education' during the Second World War", in Nicholas Pronay and Keith Wilson (eds.), *The Political Re-education of Germany & Her Allies*, Croom Helm, 1985, pp. 61 – 62.

② "The Political and Economic Principles to Govern the Treatment of Germany in the initial Control Period: A. Political Principles, August 2, 1945", *Enactment and Approved Papers of the Control Council and Coordinating Committee* 1945, Vol. 1, p. 22.

于教育机构的禁令直至 1945 年 10 月 1 日 ACC 发布的初等学校复课令生效时方才解除。在社会宣传领域,ACC 下各国盟管当局依据其 6 月 5 日成立时的《柏林宣言》①规定:“除由盟国代表指导者外,所有广播电台和电信设施均应停止活动。”这一禁令展开了对各自占区大众媒体的控制。后依据《波茨坦协定》“除维持军事安全需要外,允许言论、出版及宗教信仰自由”的规定,各国陆续推动了媒体宣传的重建。

由于盟国远征军最高司令部心理作战部曾就教育宣传做出规划,加之占领区情况相似,故美英在政策上有着类似的安排。在教育清洗中,英国逮捕、解雇或禁聘了 11567 名教师,美占区则解雇了三分之二的教师。② 为填补这一空缺,英、美仿照魏玛时期普鲁士州教育学院的培训形式训练新教师。同时,在苏法迅速恢复高校教育的刺激下,英美也不得不加速了高校解禁程序:哥廷根大学于 1945 年 9 月复课,海德堡、埃尔兰根、马尔堡三所大学于 11 月复课。③ 为了解决各级教育教材匮乏的问题,12 月,英国设立了德国教材编印中央执行委员会,④而美国则以重印魏玛时期教科书为主。

---

① “United States - France - Great Britain - Soviet Union; Declaration Regarding the Defeat of Germany and the Assumption of Supreme Authority with Respect to Germany and Supplementary Statements (Supplement: Official Documents)”, *The American Journal of International Law*, Vol. 39, No. 3 (July, 1945), pp. 171 - 178.

② Richard L. Merritt, *Democracy Imposed: U. S. Occupation Policy and the German Public*, 1945 - 1949, Yale University Press, 1995, p. 273.

③ Lucius D. Clay, *Decision in Germany*, p. 299.

④ 1945 年 11 月时,英国还特地创办了学校广播网,以缓解缺乏纸质教材的燃眉之急。可惜这一颇具创意的措施并未在 ACC 其他成员占领区内推行。请参阅:迈克尔·鲍尔弗、约翰·梅尔:《四国对德国和奥地利的管制 1945—1946 年》,第 372 页。

在社会宣传方面,美、英则体现了开放的一面。1945年7月31日,美占区《法兰克福评论报》(*Frankfurter*)创刊,至年底出版23种报纸,发行总量达到317万份。① 1946年1月8日,英占区《不伦瑞克报》(*Braunschweiger Zeitung*)首先发行,至1946年夏达35种。②而英、美在广播事业上寻求合作的挫折,则体现了盟国对德管制委员会潜在的不一致:美国希望能够利用柏林的设备建立盟国对德管制委员会的统一对德电台,但先行占领了柏林的苏方并不愿意将主导权上交给ACC。这迫使各国占领方在自己占区内建立电台。这一内部争议大大拖延了各占区对德广播体系的建立,在这一阶段,仅有美方在柏林于1946年2月建立起了自己的电台——美占区广播电台(Rundfunk im Amerikanischen Sektor,简称RIAS)。③ 就其他宣传途径而言,英、美主要以确定负责人责任、控制资源配给的办法来加以掌控,杜绝剧院、音乐会、影院中的纳粹因素残余。1946年3月,英方盟管当局甚至在柏林临时建立了一个名为"今日英国"(To-day in England)的展览会④,开创了占领方与德国进行文化交流的先声。

较于英美,法占区在教育宣传方面采取了强硬的措施。在审

---

① 迈克尔·鲍尔弗、约翰·梅尔:《四国对德国和奥地利的管制1945—1946年》,第338页。

② 迈克尔·鲍尔弗、约翰·梅尔:《四国对德国和奥地利的管制1945—1946年》,第283页。

③ 迈克尔·鲍尔弗、约翰·梅尔:《四国对德国和奥地利的管制1945—1946年》,第350页。

④ 迈克尔·鲍尔弗、约翰·梅尔:《四国对德国和奥地利的管制1945—1946年》,第360页。

查期间,法国清洗了四分之三的教师。[①] 法方占领当局建立了15所法国式的师范学校以培养教师,采用瑞士或纽约德侨委员会编印的教材;要求在教学中确定法语为第一必修外语,并十分强调灌输法国文化。同时,法国早在1945年夏便在图宾根大学复课。由此可见,虽然管控较为严厉,但其投入及积极程度是相当可观的。

法占区对社会宣传的恢复并不重视,这与法方占领当局对德国成人持不信任态度,将改造希望寄托在青少年身上的既有观点相关。至1945年年末,柏林在法方批准下出版了第一份报纸——《信使报》(*Der Kurier*);但与鼓励自由的英美占区报纸相比,这一刊物有着浓厚的法国背景。担任《信使报》主编的人本身便是原《法兰克福报》(*Frankfurter Zeitung*)驻巴黎记者,法国方面所施加的影响可见一斑。[②]

苏占区在教育宣传上的改造实际上是对ACC"再教育"目标的超越:苏方盟管当局所肩负的教育目标是要让德国与"反动的过去决裂",使德国人"为希特勒党徒的罪行负责",[③]并让德国人认识到苏联文化的优越性,因而难度远甚西方。面对苏占区1945年秋时近85%教师为纳粹分子,且合适的教科书极度缺乏的情况,苏方盟管机关迅速采取了一系列措施扭转态势。1945年7月,依照苏方行事惯例,苏占区成立德国教育机构,在苏方监督下由德国人实施苏占区的教育改革。[④] 8月至9月,苏方盟管当局在苏占区内6

---

① 迈克尔·鲍尔弗、约翰·梅尔:《四国对德国和奥地利的管制1945—1946年》,第369页。

② 迈克尔·鲍尔弗、约翰·梅尔:《四国对德国和奥地利的管制1945—1946年》,第340页。

③ Norman M. Naimark, *The Russians in Germany*, p. 259.

④ Norman M. Naimark, *The Russians in Germany*, p. 452.

所大学开办“师范部”,以短训班的形式培训政治立场清白的德国工农为“新教师”;至 10 月 1 日 ACC 复课令生效时,已完成 15000 名新教师的培训工作。[①] 同时,高等教育在苏占区得到迅速恢复,1945 年夏时苏占区柏林大学便实现了复课。这要得益于苏方行之有效的快捷措施和鼓励高等教育的立场:苏方支持德国大学的自理传统,只要求在清除纳粹分子的条件下复课;而其采取的措施是先行将所有教授解聘,再恢复政治可靠者的职位,这就缩短了调查甄别的时间。

苏方在社会宣传方面的恢复工作与其在教育方面的作为一样现实而迅速。1945 年 5 月 15 日,德国投降仅一周后,苏联便通过德国代理人发行了第一份德语报纸《每日评论》(*Tagliche Rundschau*);5 月 21 日,苏方柏林司令部发布首份柏林报纸《柏林新闻》(*Berliner Zeitung*),并在一个月后转交柏林政府作为其官方出版物,从而使之成为了战后由德国政府管理的第一份机关报。[②] 广播方面,在攻占柏林后,苏方便占领了德国的主要广播电台设施,并将控制权牢牢掌控在了手中,从 5 月 13 日便以苏占区柏林无线广播电台的名义恢复播音。[③] 该阶段苏方另一大特殊宣传重点在于电影。苏联重视电影宣传,故占领后立即控制了影院等机构,播放苏联电影。1945 年 12 月 25 日到 26 日,苏占区还进一步下令改革电影以取悦观众,旨在以电影形式宣传“非纳粹化”及苏联建设的成果。至 1946 年 4 月该阶段结束,苏占区已有 100 个戏院恢

---

① Norman M. Naimark, *The Russians in Germany*, pp. 452 - 455.

② Norman M. Naimark, *The Russians in Germany*, p. 19.

③ 朱可夫:《朱可夫元帅战争回忆录》,徐锦栋、思齐等译,北京:解放军出版社,2003 年,第 776 页。

复营业,且由苏方盟管机关宣传部直接控制。[1] 最能体现苏方宣传积极性的是苏方盟管当局在推动文艺合作方面的热情, 1945 年 7 月 3 日,苏方盟管当局协助成立了德国民主复兴文化联合会(亦即德国文联),旨在回避政治的条件下推行反法西斯民主化转变。这一组织形式在该阶段甚至获得了西方三国占领机关相关方面的赞赏。

就该阶段而言,盟国对德管制委员会的教育宣传工作仍是立足于"再教育"原则重建教育制度,恢复社会宣传体系。在任务的推行中,各方占领机关的不同表现显示了不同的倾向。美、英在传媒重建上的开放态度,实际上说明了美、英在改造德国中所持的自由主义精神,但在重建教育方面的迟缓体现了一种担忧——担心依照自由主义原则行动的美、英占区德国人会选择回避检讨侵略历史,因此必须在教育上保证严格的底线。而对于完全不信任德国成人的法方占领当局而言,对于青少年的亲法灌输要比对成年人的社会宣传重要得多。因此法方占领当局乐于以直接干涉的手段介入教育重建并提供种种便利,但尽量回避有限的战后资源用于社会宣传事业。苏方行动的现实性与在 ACC 中的超前程度,则说明苏联对于"再教育"原则的理解并不局限于让德国人获得教训而已,更要引导德国人认识到苏联的优越性,产生制度上的吸引力,从而实现苏占区在思想教育上的巩固。各方行动着眼点的不一致充分说明:该阶段各国盟管机关在 ACC"再教育"方针"四国一致"实施的表面下,也隐藏着主导思想上的深层分歧。虽然各占领方"再教育"方针下建立起来的教育宣传武器轰击的依然同样是纳

---

① Norman M. Naimark, *The Russians in Germany*, pp. 419 - 422.

粹的残垣断壁,可随着纳粹威胁的消散、ACC内部矛盾的深化以及各盟国教育宣传控制的强化,未来炮口的调转也只是时间问题而已。

第二节　战火中友谊的继续:战后初期盟国对德管制委员会内部合作关系

在盟国对德管制委员会成立初期,四大国各自面临着严重困难:美国需要将战略重点转向太平洋战场,欧洲战场的美军本身也面临战后大规模退伍带来的人员短缺;英国则必须立即恢复其建立在出口贸易基础上的经济体系,以应对战后的物资匮乏,这同样需要大量人力、物力;苏联在二战中所受的重创使其不得不把一切政策重点放在重振工业生产上;而遭到德国占领的法国更需要在政治、社会、经济、文化上进行全方位重建。这些重任迫使各国一度将注意力从德国转回国内,对德态度趋向松缓,无暇对占领当局做出过多干预。在这一基础上,战时同盟的关系得以维持,并且通过ACC各国功勋将领成员间的亲密关系得到了强化。因而在此阶段内,ACC基本按照雅尔塔、波茨坦会议以来确定的流程行事,关系较为融洽。

这种友谊关系在ACC内部的人际交往中得到了鲜明体现。在美方克莱将军的回忆中可见一斑:“可以常常有趣地看到的是,苏联、英国、法国、美国人在一起聚餐,并通过翻译磕磕绊绊地签字或交谈。艾森豪威尔将军还与朱可夫元帅在互相信任的基础上建立了友好的私人关系。良言善意处处可见。我们大多数人都开始觉得这一国际合作的实验确实可行，将会达成延续和平所必要的相互理解关系。”①由此可见，ACC 此时至少在表面上符合了组建的初衷，达到了四国相互信任、相互合作进行德国占领管制的任务。

1945 年 9 月 7 日的四国占领军柏林阅兵无疑正是 ACC 内部良好关系对外表现的最佳例证。四国军官交换手枪战利品、士兵相互拥抱、四国 ACC 代表检阅他国军队的照片在各国报纸上比比皆是。② 这种各方人员间的良好私人关系在该阶段一直得以维持。直到 1945 年 11 月 10 日艾森豪威尔将军卸任美方占领区总督退出 ACC，并在 11 月 26 日由麦克纳内（Joseph T. McNarney，1893 - 1972）将军接任时，朱可夫元帅还表示了热情的欢迎。此后，朱可夫还曾邀请 ACC 其他三方长官及随从到他在巴贝斯堡（Babelsberg）的官邸赴宴。③ 1946 年 4 月 10 日，朱可夫被苏联召回后，三名二战功勋将领悉数退出 ACC，④同时也宣告了 ACC 内第一任成员全部离职。ACC 内部这一亲密关系也随着各方关键人物的离开而渐趋淡化。

ACC 初期阶段里，各盟管机关之间的焦点在于法方对于美、英、苏三方建立德国中央行政之举的拖延及反对。在德国建立中央行政部门，将德国视为经济整体加以管制，本是《管制初期处理德国的原则》的明确规定，也是盟国对德管制委员会的基本任务。

---

① Lucius D. Clay, *Decision in Germany*, pp. 45 - 46.

② Lucius D. Clay, *Decision in Germany*, p. 175.

③ Lucius D. Clay, *Decision in Germany*, pp. 135 - 136.

④ 1946 年 2 月，英方 ACC 成员已由蒙哥马利变为空军元帅道格拉斯爵士（Sir [Later Lord] Sholto Douglas, 1893 - 1969），请参阅 Lucius D. Clay, *Decision in Germany*, p. 136.

虽然为避免法国反感特意加入了暂时避免在德国建立中央政府的条款,依然遭到了一贯坚持反对德国任何中央统一可能的法方管制当局的断然否决。为此,从 1945 年 8 月 7 日起至 1946 年该阶段结束,法方在 ACC 层面上展开了对依照《波茨坦协定》建立中央行政部门之举的抵制。8 月 7 日,为回应《波茨坦协定》对德国管制的决定,法国外长皮杜尔(Georges Bidault,1899 - 1983)向美、英、苏三国大使表示,法国政府为波茨坦会议未能让法国参与感到遗憾,并明言法国将在建立德国中央行政上态度有所保留。①

1945 年 9 月 11 日到 10 月 2 日,建立 ACC 的四大国在伦敦举行了第一次外长委员会会议(Council of Foreign Ministers),该外长委员会依据《波茨坦协定》"继续必要准备工作以达成和平解决"的规定而建立;②它本身的一大任务,即是就 ACC 在德任务的完成及对四国对德政策的协调提供监督和协助,对于 ACC 在德工作及各盟管当局方面的行动有着很大影响。美国在这次会议上提出了《德国非军事化建议草案》,要求在德国进行非军事化并将军事占领限定在 25 年,但遭到了苏联及法国方面的反对。③ 苏联之所以反对,是认为西方提出的这一计划不能有效肃清德国的法西斯主义和军国主义,不足以解除德国的战争潜力,也无法保证苏联向来所要求的 100 亿美元经济赔偿,因此实际上是认为该计划不完善,而并非反对该计划的对德军事占领目标。但法国的否定则是基于其反对将德国作为整体军事占领、反对建立任何中央行政,以及对

---

① John Gimbel, *The American Occupation of Germany*, p. 17.

② The Council of Foreign ministers, *International Organization*, vol 1, edited by Emanuel Adler, Louis W. Pauly, University of Toronto, Canada, 2009, p. 170.

③ John Gimbel, *The American Occupation of Germany*, p. 17.

萨尔、莱茵兰及鲁尔地区的要求而做出的。9 月 14 日,皮杜尔再次明示法方 ACC 成员将否决一切忽视法国要求的决议。①

基于这一立场,法方 ACC 代表展开了抵制活动。1945 年 9 月 22 日,法方协调委员会代表科尔兹将军否决了 ACC 建立中央运输机构的建议,称铁路交通代表着战争潜力,该机构如同德国总参谋部一样危险。② 10 月底,ACC 接到了按《波茨坦协定》筹建 5 个德国中央行政部门的具体提案,科尔兹将军同样表示遵照法国政府指令,他无法予以接受,此举使 ACC 在德国建立统一经济管理机构的措施被迫流产。③ 之后,在反对德国中央行政的前提下,法国进一步提出了对于德国的经济要求,从 1945 年 11 月到次年 1 月,法国多次向美英建议对鲁尔区实行国际共管,但均遭到拒绝。④

法方的否决态度导致了 ACC 其他成员的反制,其中以美方尤甚。克莱报告美国政府称,法方代表依照政府指示反对建立中央机构,且要求莱茵兰与鲁尔国际共管,阻碍 ACC 进程。他认为这将导致苏联误把法国的坚决反对视为有美英幕后支持,从而破坏 ACC 的团结。他要求国务院向法国施加外交压力,迫使其在 ACC 中采取合作态度。负责英国盟管当局与国内联络的特派大臣 J·B·海因德(John Burns Hynd,1902 - 1971)在 12 月份就法国在 ACC 中的不合作表示遗憾称:“我国不想看到四国管制机构的垮台”,与美国持同一立场。1945 年年底,杜鲁门派往德国的全权代表拜伦·普

---

① Beate Ruhm von Oppen (ed.), *Documents on Germany under Occupation* 1945 - 1954, pp. 66 - 68.

② Lucius D. Clay, *Decision in Germany*, p. 164.

③ 迈克尔·鲍尔弗、约翰·梅尔:《四国对德国和奥地利的管制 1945—1946 年》,第 199 页。

④ 张沛:《凤凰涅槃——德国西占区民主化改造研究》,第 88 页。

赖斯(Byron Price,1891 - 1981)在其报告中指出法国政策目的是要在领土分割难以实现的情况下从经济上肢解德国。因此“美国应该决定是否与法国政府所进行的、已经使柏林四方管制委员会完全陷入瘫痪状态的捣乱行为妥协”。① 苏方也多次向克莱抱怨,称美国对法的财政援助竟换来了如此强硬的反对态度,要求美方通过减少财政支援来向法方施压。② 最终,ACC 美、英、法三方采取了一定的行动希望挽回局面。1945 年 11 月 21 日,依据普赖斯报告的建议,美国决定运用外交压力打破 ACC 因法国而起的死结,国防部正式要求国务院向法国施压以完成《波茨坦协定》所规定的德国中央机构的设置。与此同时,1945 年 12 月 15 日,美、英、苏三国在莫斯科举行第二次外长会议“讨论三国特别感兴趣的一些问题”,再次在这些问题上撇开了法国。③ 但是此举并不能扭转法国的反对立场,同时这一难题长期得不到解决,也使得英国和苏联将注意力转向别处。1945 年 12 月 21 日,在 ACC 协调委员会会议上,法国在建立德国通信与邮政两处中央机构的提案上再次投了反对票,克莱则正式提出要在其他三占区建立这类组织。④ 英国与苏联虽然同意,但要求推迟这一提案的实施,以防公然破坏“四国一致”的原则。于是,美国最终决定表明立场,为其他三占区的合作做准备。1946 年 1 月 12 日,美国宣布倾向于建立中央机构,并强调尽管 ACC 协议要求一致行动,但各占领区长官有权在其占区内自由

---

① 安·安·葛罗米柯,鲍·尼·波诺马廖夫主编:《苏联对外政策史(下卷)1945—1980》,韩正文、沈芜清等译,北京:中国人民大学出版社,1989 年,第 75 页。

② Lucius D. Clay, *Decision in Germany*, p. 39.

③ 戴高乐:《战争回忆录》(第三卷),第 277 页。

④ John Gimbel, *The American Occupation of Germany*, p. 53.

行事，寄希望于以此实现美、英、苏三占区的合作。

可见，美国实际上在向法国施压的过程中逐步放弃了 ACC 的“四国一致”原则，强化了各占领区的“独立行事”权。虽然其意在打破 ACC 僵局，但实际上为 ACC 的日渐分裂埋下了伏笔。美国认为 EAC 所定下的“四国一致”原则成为了德国实行全盘占领的主要障碍，且美、英、苏有可能建立统一中央机构，而法国的立场使这一方案注定无法被其接受。① 加之克莱报告称英国同意建立中央行政，苏联会遵循《波茨坦协定》，法国就成了唯一障碍。② 这一判断使得美国迈过了 ACC“四国一致”的底线，但其针对的对象仅有法国，对苏联的潜在态度估计不足，导致 ACC 的裂痕并未因这一决策而转向缓和，反而随着苏联态度的变化而更为紧张。

英国这一阶段在 ACC 合作关系上的态度与美国大抵一致。这是因为英国与美国同为 EAC 创始者，ACC 基本原则的决策方，因而自盟国远征军最高司令部时期开始就有着密切的对德管制合作关系。在管制委员会 11 月份会议上，蒙哥马利曾对苏方人员明确表示：“如果有人告诉我说，我们在这一问题上所奉行的路线与我的美国同僚所奉行的路线有什么差别的话，我是会感到惊讶的，因为我们奉行的路线从一开始就是由艾森豪威尔领导下的联军统帅部制定的。”③英美政策的一致性在这一时期的 ACC 内部关系中有着鲜明地体现，并且在很大程度上得以延续。但在破坏 EAC 时代便已确定的“四国一致”立场时，作为当时决策方的英国表现了相

---

① John Gimbel, *The American Occupation of Germany*, p. 31.

② John Gimbel, *The American Occupation of Germany*, p. 57.

③ 朱可夫：《朱可夫元帅战争回忆录》，第 819 页。

当的犹疑态度,这一情况直至ACC内部美苏矛盾凸显,英方意识到在ACC内实现四国合作已完全不可能时方才结束。

而法国对于德国中央机构创建的否决则是ACC该阶段矛盾分歧的主要原因。法方盟管当局反向利用ACC"四国一致"原则,以破坏ACC建立德国中央机制的既定决议,并以此为基础进一步寻求在萨尔、莱茵兰、鲁尔等地区的利益。虽然后者并未成功,但打乱了ACC原定的政策部署。尽管1946年1月20日在对德管制上持不合作态度的戴高乐将军下台,但忠于其对德方针的ACC成员柯尼希将军、ACC协调委员会代表科尔兹将军依旧维持原样,使得法方的态度并未因外交压力及国内的政治变动而发生变化。[①] 法方对于德国中央机构设置的反对及在萨尔、莱茵兰、鲁尔问题上的要求也随之得以延续。

相对而言,该阶段苏联盟管当局在ACC内部虽表面看来无甚举措,但实际上暗流涌动,酝酿着苏联在对德管制处理问题上基本方针的转变。苏联之所以接受ACC"全盘占领"的理念,在于其内部决策者——斯大林及莫洛托夫等希望惩罚德国以恢复苏联的管制理念,为满足这一要求,只有将德国作为整体占领从而以全德经济赔偿支援苏联的经济重建,同时防止德国在西方占领下出现复兴的可能。但在实际占领开始后,势必就要考虑这一政策的未来延续——亦即如何处理已经投降并未来可能会完成全部赔偿的德国,对此,苏联存在两种主要意见[②]:一方是以该阶段苏方盟管人员为主的朱可夫派,作为战争的亲历者,同时也是斯大林、莫洛托夫

① 阿尔弗雷德·格鲁塞:《法国对外政策(1944—1984)》,第31页。

② Norman M. Naimark, *The Russians in Germany*, p. 319.

等达成的雅尔塔、波茨坦会议决定的执行者,他们主张维护“全盘占领”,解除武装,惩罚德国。其用意在于依靠盟国对德管制委员会,既可以通过强制拆卸来加强自身,削弱德国;同时也能通过加强苏方盟管当局的力量,迅速恢复并控制德国政党等组织,以之主导苏占区,并将其影响拓展至盟国对德管制委员会全域,与西方势力进行角逐,从而使得 ACC 治下“全盘占领”的德国实际上成为苏联的控制范围。以日丹诺夫为首的“两个德国”派,也并未放弃对德设想。该方主张放弃四大盟国合作思想,建设共产主义德国。其措施在于经济上放弃强制拆卸和产品掠夺,转而恢复发展德国经济,体现制度优越性;政治上重点扶持并强化德国共产主义政党,使之成为苏共的“兄弟党派”,弱化苏方盟管当局的直接影响,变其为莫斯科与柏林间的沟通纽带,从而将苏占区建成一个独立的共产主义国家,把 ACC“全盘占领”的德国变为两个互相对峙的共产主义德国与资本主义德国,并以此为斗争立足点向整个欧洲传播共产主义。就苏方盟管当局的建立初期来看,朱可夫派的主张无疑处于绝对优势。但随着实际占领的开展,朱可夫派所主张的拆卸等政策并未获得良好收益,因仓促恢复而显孱弱的德共也面临选举困难,加之西方盟国对苏联赔款要求的日益淡漠,对苏联而言“全盘占领”的利益已然微乎其微。ACC 初期各盟国面对法国的否决政策无能为力,难以建立中央行政的窘迫局面更是体现出 ACC 作为“全盘占领”机构的先天缺陷,根本无力承担朱可夫派所设想的从 ACC 内部实现苏联对德全盘控制的转变。而基于日丹诺夫派理念的以苏联股份公司控制发展德国经济、两党合并为统一社会党等向德国移植苏联体制、强化苏占区为共产主义前线的措施反倒取得了一定的成效。这使得苏联在对德以惩罚还是诱导为主的问题上发生了摇摆,并渐渐倾向于后者。

该阶段苏联对德政策的摇摆,使得它在ACC内部的关系也发生了偏向。早在1945年9月11日,美方ACC在德政治顾问罗伯特·墨菲(Robert Murphy,1894 - 1978)就曾在给国务卿的信中透露苏方先前曾非正式建议他建立非中央政府性质的临时全德机构。① 在法国开始对ACC建立德国中央行政加以抵制后,朱可夫等人曾在盟国管制委员会中做出申斥,并且声明要实现波茨坦会议所规定的经济统一和中央行政的建立。② 但是在1945年10月2日,克莱向苏方协调委员会代表索科洛夫斯基建议建立美、英、苏三占区中央机构时,苏方拒绝做出明确答复。11月,当克莱在协调委员会上再次提议时,苏方称此举有违四方管制德国的"对德一致"原则而予以反对。③ 但到1946年3月底,索科洛夫斯基又在与英方协调委员会代表布赖恩·罗伯逊的私人会晤中表示"苏联对法国代表的抵制感到越来越痛苦",并担心"有不乐观的结果"。④ 乍看之下,苏联反复无常的举动貌似难以解释,但实际上我们可以发现,由于苏联早就开始在苏占区建立政治经济制度,实现了对苏占区的管制;因此即便是朱可夫派,在ACC成立后也不可能有依照克莱方案建立德国统一中央机构的需要——他们早在7月10日就

---

① Norman M. Naimark, *The Russians in Germany*, p.48.

② Wilfried Loth, *Stalin's Unwanted Child, the Soviet Union, the German question and the founding of the GDR*, p.36.

③ 安·安·葛罗米柯,鲍·尼·波诺马廖夫主编:《苏联对外政策史(下卷)1945—1980》,第77页。

④ Wilfried Loth, *Stalin's Unwanted Child, the Soviet Union, the German question and the founding of the GDR*, p.36.

已经尝试建立了12个中央行政部门。他们的意愿显然是把这些机构扩充到全德，或者至少在苏占区维持下来。克莱的方案并不能对他们产生吸引力。因此对于西方所提出的中央行政机构方案，他们是反对的；而他们自己的方案即使要在ACC实现，也势必会面临法国的否决。因此，实际上无论朱可夫派还是日丹诺夫派，都只会对克莱的主张投否决票。法国的否决只不过是给苏方盟管当局提供了掩护，因为依据"四国一致"原则，只需法国一票就可否决这一提案，苏联要做的只是事后再打消美方进行三占区合作的设想而已。

1946年4月10日，朱可夫卸任回国，索科洛夫斯基继任为盟国对德管制委员会苏方成员。朱可夫的离去标志着苏联在ACC乃至在整个对德管制方针上开始转变，同时也预示着建立在功勋将领战时友谊上的ACC内部合作蜜月期的结束。在1945年8月到1946年4月的这段时间里，若非法方的一意抵制，ACC内部合作的努力无疑将会集中在建立中央行政及以此为基础的共同经济政策上。但如若没有法方的否决，美英与苏联在建立德国中央行政体系上的矛盾便会提前暴露出来，从而将ACC拖入更为深重的合作危机；且法国在这一问题上的一贯立场，也使得各国盟管当局难以就法方盟管机关的否决做出ACC层面上的指责，而只能向母国高层寻求与法国政府的妥协交涉，并不会造成ACC内部的提前分裂。就此意义而言，该阶段的ACC本身虽未完成其预期的内部合并，实现四大占区的联动，却也算得上是度过了一段相对稳定的战后时光。

第三章　转型期(1946 年 4 月—1947 年 3 月)

1946 到 1947 年间的德国现实情况也大大偏离了 EAC 战时的设想,其经济不但没有出现危险的迅速恢复,反而不时爆发出崩溃的迹象;随 1946 年与 1947 年之交的严冬而出现的经济困难,使得 ACC 各占领区当局不得不在各自占区采取权宜之计,客观上违反了 ACC 原定的限制德国经济的宗旨。与此同时,在朱可夫离任后,盟国对德管制委员会第一任成员均已全部离职,由这些功勋将领战时友谊搭建起的合作关系无可避免地受到了影响。面临着德国局势及国际关系上的重大挑战,ACC 不得不摆脱原定的政策轨道,进入到一个对德处理与合作关系的全面转型期。

第一节　控制与发展:盟国对德管制委员会中期的对德管制工作

在这一阶段,ACC 所承担的对德任务本应是落实并拓展初始阶段各方所议定的各项限制及惩罚政策。但由于上述两点因素的影响以及各国政府出于不同原因的幕后推动,ACC 内各盟管当局实际上转而采用了一种控制与发展并举，并以稳定各自占区为要务的态度。在推进对德改造的同时务求经济发展以保证社会稳定，成了各大占区的当务之急；而之后德国历史发展的事实证明，正是这一看似因经济、政治危机而“脱离”了原定惩罚路线的时期，成为了德国大众摆脱战败恐惧、信任依赖占领当局的契机，为之后的对德改造和德国的自我反省创造了良好的社会条件。

一、危机下各占领区对 ACC 经济措施的适应性变动

战后德国的经济遭到了严重破坏，而在盟国对德管制委员会成立后，各国占领当局的拆卸、索赔等经济限制政策使得德国原本所仰赖的工业出口陷于困境，难以满足换取生活物资进口的需要。物资的匮乏使得 ACC 占领区内黑市横行，进一步恶化了经济环境。1946 年与 1947 年之交的冬天，严酷的寒冬袭击了整个欧洲，使德国的经济与社会危机爆发了，各盟管当局不得不向母国求助。ACC 成员国，尤其是同样受到了危机影响的英国、法国这些欧洲国家，均采取了不同程度的措施减轻经济限制，促进德国生产，并进一步希望在 ACC 层面上通过自己占领区以外的途径获得出路，这就使得 ACC 各占领区出现了经济措施的适应性变动，并催生了对于 ACC 命运有着决定性影响的美英“双占区”的诞生。

这种经济政策转变的焦点之一，就是受到欧洲经济危机影响的英、法、苏三国，均开始放弃 ACC 初期阶段的主要赔偿惩罚手段——拆卸；除了经济实力强大的美国以外，拆卸都曾是这三国从德国取得赔偿的主要手段，其中苏联、法国对此依赖尤甚；而英国

虽然向来持不削弱德国经济的主张,但由于严重的经济困难以及对占领区向来的补贴支援政策,在这一转变上尤为显眼。依据ACC初期的协议精神,该阶段本应是盟国彻底摧毁德国工业之时,1946年10月2日,ACC协调委员会发布第39号规章《消除德国战争及工业潜力》(Directive No. 39: *Liquidation of German War and Industrial Potential*)①,旨在通过大规模有计划的工业拆卸来达成这一目的。但由于严酷经济情况限制,这一计划并未得到各方切实遵守,其所预想的大规模拆卸手段更是为多方所弃;负责实行该政策的ACC战争赔偿管理局甚至因为手中实际掌握的待拆工厂太少,而蜕变为只管分发机器的分配机构。② 其中英国尤为缓慢,至1946年8月仅拆除4家工厂,到9月时也只增加了1家,到规章发布后的年底,仅拆除设备不到73500吨,该年度列入拆除列表的185家工厂中只有14家被执行拆卸。在英占区的工业限制重点——鲁尔地区,英国盟管当局虽然加以征用,但在该阶段始终未动一分一毫。英国贸易委员会研究报告表示,拆除和运输往往会造成原设备价值折损70%—80%③,且其收益无法立即实现,甚至会出现无法抵偿运输保养费用的情况。这使得经济同样困难的英国难以承受。在1946年的英国,国内部分工厂每周仅能开工三天,

---

① *Enactment and Approved Papers of the Control Council and Coordinating Committee* 1946. Vol. 5, Compiled by Legal division, legal advice branch, drafting section office of military government for Germany, Berlin, 1946, p. 1.

② André Piettre: *L' Economie allemande contemporaine* (*Allemagne occidentale*) 1945 - 1952, Paris: M. T. Gein, 1952, pp. 66 - 67.

③ Alan Kramer, "British Dismantling politics, 1945 - 1949: A Reassessment", in Ian D. Turner (ed.), *Reconstruction in Post-war Germany: British Occupation and the West Zones*, 1944 - 1945, Oxford, 1989, pp. 128 - 129.

为维持英占区还需要英国政府额外补贴8000万英镑并提供食品给养。如此巨大的占领负担甚至使得英国于1946年7月在本国紧急采用了物资配给制度，这种得不偿失的窘境被舆论讥为"英国对德国的赔偿"①，使英占区在1946年8月出现了经济发展停滞的局面——并非是英方无意鼓励，而实在是有心无力，其诚意本身已经在宽松的拆卸条件和庞大的经济补贴中体现出来了。

法方的应对方式则是更积极地发展法占区工业来替代拆卸赔偿，为此甚至不惜破坏以往严禁德国人参与占领事务的敌视立场。为了使法占区满足法国及占区本身渡过这场经济危机的要求，法占区为占区经济发展大开绿灯，1947年的法国一份官方报告甚至公开称："德国人已经被安排在一些主要的生产部门进行工作，尤其是那些对法国经济复兴是必需的部门。"②因此即便1946年与1947年之交的严冬时期，法占区经济也未显衰退迹象。但需要注意的是，虽然英法都持宽松态度，但原因截然不同，英国立场基于英国无力加大援助故只能让英占区自求生存，而法国则是出于利用占区经济发展补充己方需要的目的。

如果说英法在这一阶段放弃拆卸都是其原有政策的发展和延续，那么苏联在这一措施上的转变则有着真正的转折意义。因为以拆卸机器设备作为赔偿既是苏联巨额赔偿要求的基础来源，也具有借此削弱德国工业资产阶级经济基础的意图，被苏联领导层视为在经济上限制德国保证苏联安全的重中之重，在ACC创始

---

① Barbara Marshall, "German Attitudes to British Military Government 1945 - 1947", *Journal of Contemporary History*, Vol. 15, No. 4, 1980, p. 655.

② Alfred Grrosser, *Germany in Our Time: A Political History of the Post-war Years*, Praeger Publishers, 1971, p. 57.

阶段便屡加强调。在1946年7月时,苏联仍坚持以100亿美元赔款为底线,要求苏占区确保完成,称“有关占领德国多长时间的问题与德国完成赔偿义务的程度密切相关”。① 为此,苏占区大力加强拆卸力度,试图通过大量印发占领区马克来满足军政府本身的经济需要。虽然1945年12月起苏联就开始利用股份制形式直接转化德国企业为苏方所有,并由此开始输入原料进行生产,落实以产品抵充赔款的措施,但仍无法取代拆卸在其赔偿政策中的大宗主导地位。然而,到1946年年底,德国苏占区所处的经济困境使得这一赔偿难以实现:一方面,由于拆除措施本身对苏占领方而言毫无益处,为维持苏方盟管当局在德国的运行,稳定苏占区社会经济秩序,不得不加大占领区马克的印发量。虽然ACC在1946年5月通过一系列征税法律(如第26号法律《烟草税》[Law No. 26: *Tax on Tobacco*]、第27号法律《酒精税》[Law No. 27: *Tax on Alcohol*]、第28号法律《啤酒火柴税》[Law No. 28: *Tax on Beer, and Matches*]、第30号法律《糖税》[Law No. 30: *Tax on Sugar*]等),②旨在通过加大税收收回多余纸币,挽救德国各占领区的通货膨胀。但此举反而增加了ACC的财政赤字,助长了ACC难以控制的黑市经济,其作用对于苏占区而言仍是杯水车薪,只出不入的拆卸政策更使得苏方盟管当局的经济基础日益薄弱。另一方面,苏联在对以往赔偿政策进行估算后,开始意识到其实际效果并不能令其满意:即便拆回了大量设备,其重新组装和异地运转也不是当时苏联的劳动力及技

---

① Norman M. Naimark, *The Russians in Germany*, p. 167.

② *Enactment and Approved Papers of the Control Council and Coordinating Committee* 1946. Vol. 3, Compiled by Legal division, legal advice branch, drafting section office of military government for Germany, Berlin, 1946, pp. 122 - 175.

术水平所能达成的,更遑论运输中的损耗及关键零件的遗失问题。为了保证赔偿的完成,苏联不得不另寻良方。

1946年春夏,苏联依据苏共中央先前计划在苏占区开始第二波拆卸,由于上述原因,此次拆卸受到了苏方盟管当局及地方指挥官的抵制。① 同时,随着朱可夫的离职,日丹诺夫派的影响也开始进入到了苏共中央及苏方盟管当局内部,将苏占区看作红色盟友加以培植的观点开始抬头,而其所主张的推动德国经济发展以实现赔偿的意见,恰好弥补了拆卸政策所遗留的空白。1946年1月,斯大林向德共领导人表示拆卸将在2月底结束;②此后实际上虽仍有拆除工程继续,但其规模已越来越小,与初期阶段相比已不可同日而语了。1946年10月,斯大林改口对美国记者说,德国的工业水平应该提高。苏联ACC成员索科洛夫斯基也在盟国管制委员会会议上表示,应该提高德国的钢铁产量。③ 1947年1月31日,苏德领导人第三次莫斯科会议上,莫洛托夫就苏占区经济宣布了三点纲要:(1)振兴德国经济,融入国际市场;(2)停止拆卸并减少驻军,减轻苏占区负担;(3)可以延迟赔款期限。④ 至此,苏联及苏方盟管当局在苏占区的工业政策发生了根本转变:1946年年末,转移产品取代拆卸,成为苏联获取赔偿的基础手段,大宗实物生产成了赔款主流。为落实这一政策,苏联从1946年起将棉、麻、羊毛、皮革等原

---

① Norman M. Naimark, *The Russians in Germany*, p.138.

② Wilfried Loth, *Stalin's Unwanted Child, the Soviet Union, the German question and the founding of the GDR*, p.45.

③ 迈克尔·鲍尔弗、约翰·梅尔:《四国对德国和奥地利的管制1945—1946年》,第231页。

④ Norman M. Naimark, *The Russians in Germany*, pp.300-301.

料输入苏占区以维持生产,[①]并签订协议将苏占区的谷物和煤送往西方占区换取钢铁。1947 年年初,苏占区更是和后来建立的英美双占区签订了价值一亿零五百万马克的货物贸易协议。与此同时,从 1946 年夏开始,苏占区工厂所有制制度开始大规模变化,苏占区接管了近 7000 家工厂,其中 2000 多个与合作社进行联合管理,还有 2000 多个由有民主倾向的德国人共同管理;[②]1946 年年底时,德国独资企业 40% 被收归国有,占企业投资总额的 60% 。[③] 至此,大量德国企业或转为地方政府的人民工厂,或成为德国代理人指导下的公私合营企业,从而使苏方可以切实把握苏占区的产品生产。此外,苏联还开始了对德国技术人才的搜集引进。1946 年 12 月,苏占区开始了代号“Osoaviakhim”的行动,搜罗大量德国科学家及技术人员到苏联,试图以此方式来作为经济赔偿。但此举于 1946 年 11 月在 ACC 协调委员会内遭到以英方罗伯逊将军为首的代表强烈反对,最终不了了之。[④]

可以看到,苏联盟管当局在这一阶段放弃了作为基础赔偿手段的拆卸政策,代之以实物产品赔偿,并为此加强了对德国企业的控制,推动了其生产与贸易发展,同时也试图通过人才转移等其他方式获得赔偿,其经济政策产生了极大的变化。但究其根本而言,此阶段苏联对于完成经济赔偿的重视并未发生改变,变的仅仅只是实现形式及力度而已;同时日丹诺夫派化德国为共产主义盟友

---

① Gordon Schaffer, *Russian Zone*, London: George Allen & Unwin LTD, 1947, p.45.

② John P. Nettl, *The Eastern Zone and Soviet Policy in Germany*, London: Oxford University Press, 1951, p.151.

③ John P. Nettl, *The Eastern Zone and Soviet Policy in Germany*, London: Oxford University Press, 1951, p.167.

④ Lucius D. Clay, *Decision in Germany*, p.135.

的主张也得到了运用。据苏联外交部统计,1946 年苏占区工农总产值55.3 亿,苏方已占用33 亿,占总额近60% ;至1946 年底,苏方已掌握苏占区全部生产的30% 。[①] 就这一方面来看,苏联对于苏占区的经济控制并未因放宽德国经济发展而有所放松,反而因其对德国企业生产、所有制及产品贸易的掌握而得以加强。

与对工业的加强控制对应的,是该阶段苏联继续推行的土改政策及所造成的农业衰退。由于 1946 年与 1947 年之交的冬天经济困难,各占领区均面临食品、衣物及原材料匮乏的局面,欧洲的主要农业国法国、意大利也因气候歉收,农产品进口无望[②];加之 1946 年收获季节后正值通货膨胀严重,黑市猖獗,农民宁愿让产品流入黑市也不愿用来交换占领区马克,使得 ACC 所能掌控的物资更加紧张。因此,西方三国不约而同地延续了 ACC 初期在土改问题上的拖延政策:一方面继续表示支持土改,如美方就在 1946 年 8 月通过了《取得移居地和土地改革法》,正式规定每户最多拥有 100 公顷土地,超出部分作半价割让,英法也相继出台了类似规定,以表明各自占区均在土改进程中;另一方面,为保证农业生产,西方占区往往将土改的落实加以忽视或拖延。因此,在该阶段真正有着继续执行土改需要的,只有将土改视为政治任务的苏占区了。但如果说 ACC 初期的土改创造了"新农场主"阶层,为苏联赢得了德国难民、小农及社会主义者的政治印象分的话,那么这一阶段就是在经济危机情况下强行推行土改造成不良影响的体现期了。落实土改政策期间,原有的容克大地产变为了小土地所有制,依照预

---

① Norman M. Naimark, *The Russians in Germany*, p. 169.

② 张沛:《凤凰涅槃——德国西占区民主化改造研究》,第 83 页。

期设想,可以提高农民的生产积极性。但事实上,在 1946—1947 年的经济困难时期,这些强行分割出来的小地产缺乏相应的农具、牲畜、化肥及基础设施,[①]刚刚分得土地的农民实际上根本无法耕种;加之在 1946—1947 年自然灾害严重(1946 年苏占区奥得河流域发生洪水,1947 年又出现干旱)的情况下,农民既要严格按照土改规定完成上交配额,又要保证其作物优先满足苏联驻军及赔偿要求,几乎不可能有种子及口粮剩余,连基本生存都难以保证。在这样巨大的负担下,苏占区的"新农场主"们甚至出现了放弃新分得的土地,逃入西占区沦为"新难民"的情况。[②] 克莱就曾指责苏占区粮食计划失败,认为苏联的土地改革方案不利于生产。[③] 苏占区所坚持的土改之所以在这一时期碰壁,无疑是因其具有过多政治含义、经济上脱离现实使然;在经济困难的情况下,这一缺陷被放大,从而使原本作为德国主要农业产区的苏占区也出现了农产品严重匮乏的状况。事实上,由于物资紧张,该阶段 ACC 并未把注意力放在初期所提倡的土地改革,而是专注于促进农业生产,这在危机爆发后成为了盟管各方的共识。1947 年 1 月,ACC 发布第 44 号法律《废除 1944 年 10 月 11 日有关牧场、农业管理及总体战所致战债的特别措施》(Law No. 44: *Repeal of the Ordinance of* 11 *October* 1944 *concerning "Extraordinary Measures on Leases, Agriculture Management, and Debtor Relief Caused by Total War"*),[④]之后又在 1947 年 2 月颁布

---

① Norman M. Naimark, *The Russians in Germany*, p. 159.

② Norman M. Naimark, *The Russians in Germany*, p. 155.

③ Lucius D. Clay, *Decision in Germany*, p. 269.

④ *Enactment and Approved Papers of the Control Council and Coordinating Committee* 1946. Vol. 6, Compiled by Legal division, legal advice branch, drafting section office of military government for Germany, Berlin, 1947, p. 10.

第45号法律《废除世袭土地合法性及其他限制农林、土地法规》(Law No. 45: *Repeal of Legislation on Hereditary Farms and Enactment of other Provisions Regulating Agricultural Forest Lands*),①可以说是从ACC的层面绕过了各占领区的土地改革争议,以推动农业恢复生产。

与土改政策一样遭遇经济危机尴尬的,还有盟国对德管制委员会的非集中化政策。本来依据初期ACC在非集中化问题上的进展,该阶段的重点本应是将各占领方各自的非集中化政策予以统一并加以实行,并将执行范围扩大到那些与战争关系没那么密切的产业中。但由于经济危机的影响,除实力雄厚足以支撑占区经济的美国继续强调"非集中化"为必须履行的义务,未经占区盟管长官特许不得豁免外,其他三方都未在该阶段表现出要严格制定并执行非集中化政策的态度:英方承袭了其初期对德国企业的宽容政策,只要求对过分集中的情况采取行动;而法方自不待言,任何会影响到占区生产的"非集中化"举动都不符合其利益,更何况是在法占区及法国经济都不容乐观的危机情况之下;苏方则因为赔偿形式由拆卸转为产品,通过非集中化政策关闭工厂并以之抵偿赔款的需要已不复存在,维持正常工业生产反成了要务。此外,该阶段苏占区更希望能将德国企业大规模地并入占区的公有经济体系中,改变其所有制结构;对德国企业集团进行集中化拆散并不能对此有所裨益,反而会对成规模接收及德国代理人的指导生产

① *Enactment and Approved Papers of the Control Council and Coordinating Committee* 1946. Vol. 6, Compiled by Legal division, legal advice branch, drafting section office of military government for Germany, Berlin, 1947, p. 21.

造成种种麻烦,因此改变了初期对该问题的关注态度,实际上并不积极。在这样的窘境下,盟国管制委员会直到1947年1月才通过了相关的非卡特尔法律,远远落后于预定的步调。①

与各占领区因经济困难而对经济限制政策所持的冷漠拖延态度相对的是,该阶段ACC管制下的工会发展普遍取得了进步,但也受到了ACC及各占领当局的着重监督。在谈及ACC下各占领区工会发展时,最能体现其与ACC"经济一体、全盘占领"理念关系的是各占区中占领区级别工会的建立及向全德扩展的意向。在这一点上,苏占区无疑占了先机。早在ACC创始阶段,苏占区就建立了全德工会FDGB,并体现出了浓厚的向其他占领区扩散的意图。而西方三占区一方面由于经济危机下工人不满抗议现象加剧,不得不通过加强工会组织加以控制;另一方面又惮于苏联利用工会运动进行政治扩散,对占领区乃至全德级别的工会组织计划防范有加。在美占区,初期建立起自上而下的工会体系后,美方盟管当局加强了对工会领导层的控制,于1946年8月按照一州一代表的原则建立起了非正式的三人委员会来协调美占区工会活动。② 但是这并不意味着美方希望看到占领区级别工会组织在美占区出现,它本身非正式的性质,以及一州全部工会组织仅能派一名代表参与的限制,就体现出了美方不鼓励大规模工会建设的立场。1947年,地位特殊的柏林市召开了自由德国工会的选举,柏林苏占区

① 张沛:《凤凰涅槃——德国西占区民主化改造研究》,第102页。
② 迈克尔·鲍尔弗、约翰·梅尔:《四国对德国和奥地利的管制1945—1946年》,第388页。

FDGB组织获得了相对优势,[①]从而使美方面临这样一种威胁:既然苏联盟管当局能在柏林依靠与其高度合作的 FDGB 取得工会运动的胜利,那么同样的事情自然也会发生在未来的占领区乃至全 ACC 德国占区的工会组织中。因此 1947 年以后美方对这类集中程度较高的工会组织形式从不鼓励变为了坚决否定的态度。可以说,高度控制以及从不鼓励到公开否定占领区至全域级别工会组织,是该阶段美方盟管当局对于工会运动的主要态度。

英占区从初始阶段起便对工会运动的发展持欢迎态度,在占领区级别工会建立问题上也在西方三国中最为领先。1946 年 8 月,英占区工会组织在比勒费尔德(Bielefeld)召开代表会议,认定:"按区域划分并按职业类别和部门细分的工业自治联合会是……具有最高效能的一种组织形式";10 月份再次召开会议时,英方盟管当局回应这一提议称,欢迎建立占领区一级的工会组织,并且认为这类组织应具有其本身特性且在正式组织基础上向一切工会开放。[②] 之后,英占区整个工业系统各个工会开始逐步合并,形成 12 个工会组织系统,其中大部分行业总工会系统的建立均在 1947 年 4 月前得以完成。就此可以说,该阶段英国盟管当局实际上推进了其初期所持的工会开放态度,并切实促进了占领区级别的工会建立。但这一点与苏占区依照政治意图建立起来的 FDGB 仍是不同的,英国占领区级工会形成理念实际上是立足于工会对工人的控制功能而言的,通过占领区级工会系统,英方可以对下层工会组织

---

① M. A. Kelly, "The Reconstitution of the German Trade Union Movement", *Political Science Quarterly*, 1949.3, pp.37 -38.

② 迈克尔·鲍尔弗、约翰·梅尔:《四国对德国和奥地利的管制 1945—1946 年》,第 387 页。

的情况加以了解和管控——这对于缺乏财力安抚工人运动又恰巧处在德国工业最为密集地区的英方盟管当局而言是十分必要的。这一阶段的经济困难又使得这种要求变得更为迫切,英方会如此积极地推动自己占领区工会向集中化发展也就不足为怪了。

在“四国一致”的原则下,因为初期工会建设进展缓慢的法占区饱受 ACC 其他三方压力,同时也无法忽视困难时期占领区内工会禁令所带来的社会不满。1946 年 9 月,法方盟管当局被迫下令,允许依照每项工业设置一个组织的原则建立工会,但最高只能到州级别为止,不得建立占领区乃至全德的工会系统;并且各工会要严格按照行业划分,“一般工人”均可参加的广泛性工会组织被禁止。① 可见法方虽迫于压力做出了让步,但其对德国人的不信任态度使得他们设置种种限制以防范工会向大规模、社会性发展(与美方不同的是,法方针对的仍是德国人而非苏联),该阶段法占区的工会实际上仍只是单一工业的地方行会,与 ACC 所意图建立的全德工人的现代工会存在本质不同。

在这一阶段,四大占领区均得以建立起工会体系,虽其程度不尽相同,但都激发了 ACC 管制下工会运动的全面发展。1947 年初,德国近 2700 万工人中,工会成员已达 800 万人,其中苏占区 320 万人(1947 年 1 月),英占区 240 万人(1946 年 10 月),美占区 150 万人(1946 年 12 月),法占区 30 万人(1947 年 1 月)②,ACC 初期的恢复德国工会的方针获得了成果;而各占区的数字,实际上也

---

① 迈克尔·鲍尔弗、约翰·梅尔:《四国对德国和奥地利的管制 1945—1946 年》,第 389 页。

② M. A. Kelly, “The Reconstitution of the German Trade Union Movement”, *Political Science Quarterly*, 1949.3, p.40.

已经诠释了各占领方该阶段在这一问题上的取向。但毋庸讳言的是，隐藏在 ACC 管制下工会飞跃性发展背后的，是各国以不同方式加强对工人运动控制的意图，而并非 ACC 实现统一德国自由工会的计划——自 1946 年 12 月起，每隔一月，四占领区的工会代表就会谈一次以讨论成立统一工会，却始终未能取得成功。可以说，在借助建立起来的工会加强控制，进而实现自身意图这方面，四方可谓殊途同归，但这与 ACC 依靠工会交还工人自由权利的初始设想背道而驰；不过也正是由于这时期各占领区在工会运动上的开放与进展，为德国未来工会运动的健康发展做出了铺垫。

总体而言，无论是拆卸手段的淡出，土地改革及非集中化事业遭遇的尴尬，抑或是工会运动上的进展，本身都是盟国对德管制委员会初期政策在该阶段德国困难现实下所产生的应急反应；四占领方仍是持“四国一致”立场的，各自措施至少保持着原则上的统一，其间差别虽有悖于 ACC 初衷，但并未破坏 ACC 本身的团结关系。各占区在改善自身经济条件上的积极态度，更是在无意中取得了原本“惩罚”措施所不能得到的效果：在战后初期的混乱后，在严冬的经济危局中，德国民众开始真正认识到盟国作为“解放者”而非单纯“占领者”的意义，德国人得以开始在盟国的物资“输血”和各项宽大条件下进行经济自救，从而在参与占领区发展的实践中自发地否定了带来战火与破坏的纳粹主义。至于该阶段真正撼动了 ACC 存在基础，孕育了 ACC 内各方在管制德国问题上合作关系破裂根源的，是英美双占区方案的诞生。有关 ACC 与双占区问题，以下将在讨论该阶段占区间关系时加以论述。

二、上层政治的建构与权力的初步过渡

依照由下而上的原则建立基层民主制,以此为基础实现德国政治民主,是盟国对德管制委员会初期进行政治重建的基本原则。但就 ACC 本身对德国政治改造的目标而言,确立统一的民主政治才是政治民主化任务的最终目标。在 1946 至 1947 年的这一阶段,虽然由于法国向来所持的反对德国政治统一的立场,以“四国一致”为基础的 ACC 势必无法在自身影响下实现这一目标;但各占区依照初期所获得的政治改造成果,开始了占领区上层政治结构的构建。同时,随着各盟国间意识形态矛盾的暴露,部分占领当局开始借助将政治权力初步转移给占领区德国政权的方法,绕过 ACC 限制来培养未来的政治盟友,为未来德国的分裂乃至东西阵营的对峙打下了政治上的一枚界钉。

对于苏占区来讲,该阶段上层政治的建构无疑是最为便利的。早在 ACC 草创之时,苏方便已迅速设置了苏占区的中央行政机构,并在 ACC 初期就通过种种方式建立并强化了其政治盟友——统一社会党(SED)。苏共中央——苏方盟管当局——SED 之间形成了稳固的上层政治联系。在这一情况下,日丹诺夫派化苏占区为共产主义盟友的政治基础实际上已经具备。因此,该阶段苏方盟管当局一方面将基层政治机构向上层发展,另一方面开始向德方转移权力。1946 年 9 月 1 日,苏占区在萨克森开始了首次地方选举,并在 10 月 20 日起进行各地方及州议会选举。① 值得注意的是,在

① Norman M. Naimark, *The Russians in Germany*, p. 328.

1946—1947 年的苏占区选举中，苏方十分重视德中央与地方机构之间的关系。这主要有两层原因：第一，虽然苏占区德方中央行政机构形成较早，但由于 ACC 初期苏军地方指挥官、苏联政府的过多介入，使得中央机构作用薄弱，反倒是与苏方直接合作的地方政府机构获得了较大参政机会。为了扭转这一局势，强化中央行政，不得不由苏方盟管当局出面为苏占区中央与地方之间牵线搭桥。第二，初期苏方盟管代表朱可夫遵从《波茨坦协定》精神，将德国中央机构作用严格限制在单纯为苏方盟管提供政治建议上，主张“州和省不再从属于中央机构之下，无权向州和省份乃至地方机关、官员、组织下达指示”；[①]但在这一时期，朱可夫业已离任，基于日丹诺夫派的德国“政治统一”主张成为主流，通过政治途径（至少在苏占区）建立共产主义盟国已经取代限制德国政权成为苏方盟管当局在德政治工作的重点。而西方占区依照波茨坦精神推行的联邦设想，成为这一方针的主要障碍：三大西方占领区所辖州总数要比苏占区多，而苏方掌控德国政治中心柏林。一旦德国未来政府采取联邦制，不但苏方前期构建的政治优势将化为乌有，更会使苏占区在以州为基础的联邦选举中长期处于劣势；只有凭借苏方对柏林的掌控建立起集权体制，才能扭转劣势。因此为杜绝联邦主义影响，在德国移植斯大林式的集中政治，就不得不加强苏占区的德方中央机构。为此，1946 年 12 月索科洛夫斯基下达指令，要求苏方盟管在有关德国事务方面推行更为慎重的占领统治，强调苏方占领当局职能在于“监督管制”，而非参与决策和行政。[②] 虽然在苏

---

① Norman M. Naimark, *The Russians in Germany*, p. 49.

② Norman M. Naimark, *The Russians in Germany*, p. 68.

方不遗余力向占区移植苏联政治模式的背景下,这一举动的现实作用并不大,但无疑表现了苏方盟管向德方中央机构,尤其是决策方让渡一定权力的意愿。1947 年后,随着美英双占区日渐成型,苏占区与西方占领区关系日益紧张,苏共中央也日渐倾向于恢复德国中央机构的大多数政治权力。1947 年 2 月 2 日晚,莫洛托夫向参与苏德第三次领导人会议的德方代表透露称,斯大林有意在苏占区建立具备除国防及内务安全以外一切国家机能的中央机构,①为苏占区的权力让渡打开了最后的绿灯。

在上层政治的建构上,法方的进展最为缓慢,这与其向来反对德国政治统一的立场是分不开的。1946 年 9 月到 10 月,法占区才允许进行乡和县级别的基层选举,以形成州参议会准备制定州宪法。1946 年 11 月,各州组成协商会议起草宪法。与法占区漫长拖延的政治重建过程形成鲜明对比的是,1946 年 12 月 20 日,法国宣告建立萨尔和法国的关税同盟,在法占区其他地域仍在进行州级选举筹备时便对萨尔进行了经济上的分割;虽然此时萨尔在政治名义上仍属德国,但这一地位在法占区实际统治下形同虚设。各州级政权尚未获宪法承认,萨尔地区经济又开始被吞并,法占区无疑是该阶段唯一未开启上层政治建构及权利让渡的特例。

与法方的蓄意拖延不同,英国的州立宪工作则是受到了 ACC 有关普鲁士政策的影响。虽然盟国战时已达成协议要解散普鲁士州,但 ACC 有关普鲁士问题最终解决方案的第 46 号法律《解散普鲁士州》(Law No. 46: *Abolition of the State of Prussia*)直至 1947 年

---

① Norman M. Naimark, *The Russians in Germany*, pp. 300 - 301.

2 月 25 日才最后发布,[①]而立宪工作也不得不等待州界分割的最终定型再继续进行,到 1946 年 9—10 月才举行了首次选举。由于英方从初期就主张从全占领区级别进行政治管理,并建立有占领区级机构辅助管制,因此这一延缓并未造成太大的麻烦——就这一点而言,该阶段英方的上层政治架构建设与苏方有着相似之处,即重视中央机构的权力,并为此对地方权力加以限制。1946 年 7 月,英占区在 ACC 初期所建立的德国中央机构——德国经济委员会接受了部分行政职能,人员也扩展至 400 多人,[②]规模达到了它在因双占区成立而被取消前的顶峰。12 月 1 日,英占区第 57 号法令起效,对州一级立法进行了禁止和限制,为占领当局及将来的联邦政府保留权力。[③] 由此可见,该阶段英方盟管当局也存在着明显的强化中央机构,让渡权力的趋势。双占区成立后,这一趋势以美英合作推行的形式在 ACC 之后的管制阶段中表现了出来。

美方盟管当局则继承了初期所秉持的选举优先、重视宪法、鼓励德国人参与的原则。1946 年 6 月美占区便选出了制宪议会,并且被授予军政府监督下的立法权与行政权。与此同时,美方还将 ACC 初期所设立的美占区各州委员会常设协调处进行了职能扩展,在 6 月 4 日将其改为各州委员会附设理事会,旨在于联邦制基

---

① *Enactment and Approved Papers of the Control Council and Coordinating Committee* 1947. Vol. 6, Compiled by Legal division, legal advice branch, drafting section office of military government for Germany, Berlin, 1947, p. 28.

② 迈克尔·鲍尔弗、约翰·梅尔:《四国对德国和奥地利的管制 1945—1946 年》,第 319 页。

③ Beate Ruhm von Oppen (ed.), *Documents on Germany under Occupation* 1945 – 1954, pp. 192 – 195.

础上建立跨越州界的自主政治体。[①] 虽然这一组织仍然是以州政府为基础的,但它与美方盟管的紧密联系以及职能扩展使其具备了中央机构的雏形。之后,美方继续为上层政治构建作政策铺垫。1946 年 9 月 30 日,美方盟管当局向美军军官及文职人员下达特殊指令,在对占区各州政府做出要求的同时,对 1947 年 1 月 1 日后美国占领当局所保有的职能做出了限制,[②]至此,美方向德方州级机构让渡权力的意向也初见端倪。1947 年 3 月美占区州选举结束后,美方从三个州议会中抽取 72 名代表,组成咨询委员会来协助各州事务处理,从而建立了名副其实的联邦体制下的占领区级行政机构。该机构一直持续活动至双占区类似机构的成立。

值得注意的是,该阶段美方在上层政治构建上的努力并不仅仅着眼于自己占区。美方意识到在"四国一致"限制下无法完成四占区的统一后,开始尝试越过 ACC,撇开反对统一的其他盟管当局,依靠联邦制体系争取德国各州民事政府的团结,从而实现统一行政。美占区鼓励德国人参政,增加占区统治的民事色彩,减少美军军政府介入的意图也正在此。ACC 协调委员会代表克莱的政治顾问詹姆斯·波洛克(James Pollock)就曾解释美方政策道:"美国人提出的把美占区三个州召集起来进行讨论和合作的想法,完全可以推广到其他占领区去……如果所有各州政府首脑或所有各个占领区类似的行政单位负责人聚集在一起开会,那么四个占领国就有了一个在民选的制宪会议产生之前可以与之谈判的全德性各

① 张沛:《凤凰涅槃——德国西占区民主化改造研究》,第 170 页。

② Beate Ruhm von Oppen (ed.), *Documents on Germany under Occupation 1945–1954*, pp. 163–166.

州委员会。这将促进联邦制的、非中央集权的德国的发展……”①1946年11月华盛顿美占区会议及纽约外交部部长会议期间，三位ACC要人——前任成员艾森豪威尔、现任成员麦克纳内及协调委员会代表克莱，就曾共同建议创立有更多德国平民参与的军政府，推进占区内德国行政机构的发展，从而在德国人内部达成统一行政。② 这一思想一方面促进了美方在ACC内寻求合作伙伴，实现若干占区的内部合作；另一方面也使他们开始把各州政府（占领时期这类地方政府掌握着较多的德国实际权力）视为了争取对象，意图避开他方盟管当局完成统一目标。这一举动获得了向来主张德国统一的英方的响应。1946年10月4—5日，美英占区所属11州的政府首脑倡议在不来梅召开全德州政府代表会议，法占区派出了观察员参加，苏方则在斟酌后决定不参与会议。③ 会议建议ACC为德国建立一个州际委员会和全国议会，开放占领区边界以恢复工商业。会议的一致主张明显体现了美英的要求，但由于法方持观望态度苏方又不予参加，实际上对于ACC并无效力可言，因而也并未得到ACC的反馈。会议的失败，既说明了美方绕过ACC解决德国统一问题的受挫，也加强了美方推动双占区进程的决心。

总而言之，该阶段盟国对德管制委员会的政治任务着重于上层政治的构建。除了法国因一贯立场而进展缓慢外，各占领当局都实现了建立稳固上层政治结构的目标。同时，苏方为了培养政治盟友、抵制联邦制影响，转而加强了苏占区的中央行政机构；英

---

① 卡尔·迪特利希·埃尔德曼：《德意志史》（第四卷下），张载扬等译，北京：商务印书馆，1986年，第250页。

② Lucius D. Clay, *Decision in Germany*, p. 82.

③ John Gimbel, *The American Occupation of Germany*, p. 89.

方继承了初期加强对占领区控制的原则,强化原有中央机构以辅助英方占领;美方则通过让渡权力巩固了以联邦制为基础的美占区政治体系,并试图以州级层面打开缺口实现统一。在三大占区展开的初步权力让渡,实际上却因各自动机与对象的不同而使ACC 治下的各区在政治上日益分化。第一次不来梅会议的参与状况,本身也成了未来 ACC 政治合作破裂迹象的写照。

三、“非纳粹化”的加强与“再教育”的交流发展及宣传战的初步爆发

1946 年 5 月,曾担任盟国对德管制委员会英方代表的蒙哥马利元帅在离开德国宣称,德国四分之三的人口是“顽强的纳粹分子”。[①] 此言虽失之偏颇,但也道出了部分实情。ACC 初期着力于战犯及纳粹首恶,并未有太多针对一般德国人的一致政策出现,而各占领方又在“非纳粹化”工作方面有着各自的问题:美方因严格遵循波茨坦精神行事而导致拘泥缓慢;英方则有意加以限定以防占区崩溃,因而表现宽大;苏法又依照实用主义行事,使得“作用大小”而非“罪行轻重”成了处理准绳。因此,这一阶段 ACC 的非纳粹化工作着力于共同政策的制定和力度的加强,但一如既往的是,这一方针在各占区仍被依照不同角度加以理解与执行,因此在贯彻“非纳粹化”目标的同时,也不可避免地有着不同的重点和分歧。

该阶段美方盟管当局的非纳粹化进程尤为重要,这主要是因

---

① 迈克尔·鲍尔弗、约翰·梅尔:《四国对德国和奥地利的管制 1945—1946 年》,第 83 页。

为美占区先前颁布的《解脱法》于1946年10月12日上升为了ACC第38号规章《对反对分子、纳粹分子、军国主义分子的拘捕惩罚及潜在危险德国人员的扣留、管制、监督令》(Directive No. 38: *The Arrest and Punishment of Jar Criminals, Nazis and Militarists and the Internment, Control and Surveillance of potentially Dangerous Germans*),①在各大占区执行。该法律要求所有德国成年人详细交代过去的政治态度及活动,并进行相应追究,标志着ACC非纳粹化对象转向普通大众。毫无疑问,这一任务是十分繁重的,且作为最初建议方的美方盟管也没有任何借口可以推辞简化。美占区1300万调查登记者中有约350万人被控有罪,②93万人被判刑,为此建立了545个"非纳粹化"法庭,雇佣人员22000人参与甄别。③ 为了减轻负担,美方盟管继续任用德国人参与"非纳粹化"审判。但即便有德国人参与审理增加人手,案件积累问题依然严重,为此美方占领当局不得不在1946年年中及年底对一般纳粹分子进行了两次大赦。④ 可审讯缓慢的情况并未有很大改变。这引起了美方的不满——1946年11月,克莱抱怨德国人进行非纳粹化工作审判中量刑过轻,称他们:"主要使尽量多的人恢复从前担任的职务,而不是在惩办罪犯。"表示"如果德国人不愿意干这事,军政府有决心,

---

① *Enactment and Approved Papers of the Control Council and Coordinating Committee* 1947. Vol. 5, Compiled by Legal division, legal advice branch, drafting section office of military government for Germany, Berlin, 1946, p. 12.

② 科佩尔·S·平森:《德国近现代史:它的历史和文化》下册,范德一译,北京:商务印书馆,1987年,第723页。

③ Lucius D. Clay, *Decision in Germany*, p. 259.

④ 郑丽:《二战后盟国对德国的"非纳粹化"改造》,《武汉大学学报(人文科学版)》2010年第5期,第616页。

有能力自己干”。[1] 这使美占区再次加强了非纳粹化的打击力度,至 1947 年 1 月 1 日,美占区逮捕达 45020 人,远远超出了该阶段同样遵守第 38 号规章的英占区逮捕人数。[2] 可以说,美占区这一阶段的“非纳粹化”在方法和力度上完全应和了其政策的初衷。

英方盟管当局在该阶段主要模仿美方展开工作。1946 年 7 月,英方依照美方模式建立了由德国人组成的陪审团,并且在 1947 年 2 月后严格遵照第 38 号规章实施了犯罪分类及处理。但与美国不同的是,因限定非纳粹化规模,维持占区稳定以及“再教育”精神改造为重的一贯立场,英方并未刻意要求德国人加强司法审判力度。至 1947 年 1 月 1 日,四占区中人口最多的英方仅逮捕 27477 人。[3] 英方更多的精力投入到在司法手段以外宣传和贯彻英式民主。

苏、法双方虽也接受了第 38 号规章,但将纳粹主义归咎于制度或历史客观原因,不重视个人因素的观点并未改变,因而仍维持了初期以实用主义为准的基本立场,仅在“非纳粹化”的范围和深入程度上做出了扩展。其间可作比较的是双方对德国人信任程度的不同。法方依然持不相信任何德国成年人的观点,只依照是否愿意合作区分“非纳粹化”对象。而苏方盟管当局因受日丹诺夫派的影响,不但允许可信的德国人参与甄别审判,更让德国人参与进了追查逮捕的执行过程中,有意将非纳粹化责任交由德方机构分

---

① 迈克尔·鲍尔弗、约翰·梅尔:《四国对德国和奥地利的管制 1945—1946 年》,第 285 页。

② Harold Zink, *The United States in Germany* 1945 - 1955, New York: D. Van Nost Rand Company, 1957, p. 165.

③ Harold Zink, *The United States in Germany* 1945 - 1955, New York: D. Van Nost Rand Company, 1957, p. 165.

担，在坚定的反纳粹立场下由德国人进行自我清洗。至1947年1月1日为止，苏联“非纳粹化”逮捕67179人，释放8214人，规模远超其他占区。[①] 1947年3月，莫洛托夫在莫斯科外长会议上就曾解释苏占区在非纳粹化上所取得的成就：“执行反纳粹任务的苏联军政府注重将积极的法西斯分子和在希特勒统治时期身居要职者从公共和半公共的机构中驱除出去，代之以民主组织所推荐的人。在反纳粹的过程中，苏联军政府将被没收的企业以及纳粹头目和战犯的地产都移交给了德国民主行政机构……我将提醒诸位注意报纸上所刊登的苏占区被解职和禁止担任公职的前纳粹官员数字——390478人，超过了其他任何占领区……”[②]赋予德方盟友非纳粹化执行权，并将非纳粹化留下的利益直接转移到盟友手中，“破”和“立”的紧密结合成了该阶段苏方盟管当局执行非纳粹化的潜在方针。

虽然该阶段ACC通过第38号规章实现了非纳粹化运动向德国普通大众的推广，但实际上只有美、英两国完全依照其精神和模式行事，且在追究力度上仍不尽相同。苏、法方面依然秉承初期的实用主义原则；尤其是苏方通过让德方机构参与并负责具体非纳粹化过程，给予了德方盟友前所未有的自主性，实际上使ACC控制下的非纳粹化过程开始具有了打击政敌，建立民主专政的斗争特色。如果说初期ACC四方非纳粹化政策的差异主要体现在执行力度上的话，该阶段英美有系统的非纳粹化流程、法方的单纯实用主

① 丁建弘等主编：《战后德国的分裂与统一》，北京：人民出版社，1996年，第32页。

② Timothy. R. Vogt, *Denazification in Soviet-Occupied Germany*, Brandenburg, 1945－1948, Havard, 2000, p. 95.

义原则以及苏联开始采取的非纳粹化同时壮大政治盟友的立场，实际使得四国的非纳粹化方针出现了根本的差异，ACC 在这一问题上的“四国一致”立场被打破。在该阶段后，ACC 在非纳粹化具体问题上莫衷一是，使各方对“非纳粹化”政策本身的态度发生了改变。曾经庄严宣誓协力执行的除恶务尽之举，在以各种方式实现反纳粹社会效果后渐渐淡出了各 ACC 成员关注的视野，反倒成了互相抨击的常用借口。

在“再教育”方面，ACC 在学校教育与社会宣传上既有新进展，又面临新困难。1946—1947 年经济危机期间，生活困苦的德国人对于要求认罪的说教式宣传愈加麻木。1947 年 1 月，社会民主党的维尔纳·雅各比(Werner Jacobi，1907 – 1970)就公开抨击 ACC 的教育宣传:“我们德国人已经被谎言欺骗了 12 年，我们是独裁政治虚伪政策的牺牲品，我们不想要一种灾难代替另一种邪恶，也并不想要一种名不副实的被说教的民主。”[①]除了法方基于视青少年为改造德国途径，不信任德国成年人的观点不为其所动，继续推行“重教育、轻宣传”的政策以外，苏、美、英三方均做出了各自的调整。针对早期说教方式在该阶段所处的困境，各方占领当局在初期所建立的教育宣传体系基础上加强了互动力度，并加入了交流性的元素，旨在吸引德国人配合“再教育”的推行。

在学校教育方面，美英继承初期的合作采取了相似的改革路线。1946 年，美英方面先后将教育权移交给州政府；其中英方力度尤大，通过 1946 年年底颁布的英占区第 57 号令《英占区权力》将监督权与否决权以外所有教育权力移交州政府，英方只通过建议

① Manfred Malzahn, *Germany 1945 – 1949: A Sourcebook*, Routledge, 1991, p. 84.

形式非强制性地推进教育改革。1947 年 2 月，美方仿照英方在 ACC 初期设立的德国教材编印中央执行委员会，建立了“教科书与课程中心”来编写全新教材取代战后应急使用的魏玛教材。总体而言，由于英美将教育制度交由德国人自行决定，加之英美战区采取联邦体制，各州享有极高自主权，因此学校教育上进展较为缓慢。

社会宣传是该阶段美英的主阵地。1946—1947 年，美占区报纸增加 21 种，并且由于美方鼓励报纸竞争，因此呈现出相当的活跃程度。英方则有《电讯报》(*Telegraf*)、《世界报》(*Die Welt*)、《世界一瞥》(*Blick in die Welt*)等主要刊物出版，并面向德国人的兴趣选择内容。1946 年 10 月和 1947 年 1 月，原本隶属于美占区的德意志普通新闻通讯社(Deutsche Allegemeine Nachrichten Agentur，简称 DANA)及英占区的德意志报刊服务社(Deutsche Presse Dienst，简称 DPD)先后被移交给德方人员，这标志着美英占区在新闻自由上的极大进步。① 在广播建设上，英占区在 1946 年 8 月建立了由柏林转播的西北德国广播电台(Nordwest Deutscher Rundfunk，简称 NWDR)，并且在 1946 年年底就开始准备将控制权移交给德国人。美英占领当局在 1946 年便开始安排，通过在占区播放英国广播公司及美国之音来宣传自己观点，减轻了德方电台的宣传负担。英美在赋予德方极大宣传自由度的同时，还大大加强了文化互动的力度。1947 年 1 月，美英当局开始联合拍摄每周一集的德语新闻

① 迈克尔·鲍尔弗、约翰·梅尔：《四国对德国和奥地利的管制 1945—1946 年》，第 346 页。

纪录片《银幕上的世界》(*Welt im Film*),①在德国强制上映,意图通过电影形式改变德国人对世界的错误认识,加强文化联系。在1946 年 3 月柏林的“今日英国”展览受到欢迎后,英美展开了大规模的交流中心建设。英国建立起了 62 个名为“桥梁”(Die brüke)的文化中心,美国则仿效建立了 23 处新闻中心。美英占区的文化交流网络得以成型。

在“化德国为盟友”的政治背景下,苏方盟管当局的学校教育目的从“与反动过去决裂”升格为实现“教育民主化”。1946 年 4 月 16 日,苏方盟管当局通过《德国学校民主化》法令,宣布实行全部免费的 12 年综合教育,结束了德国教育中向来存在的阶级差别。② 同时,为了解决 ACC 初期苏占区仓促大量培训“新教师”所带来的问题,ACC 苏方成员索科洛夫斯基于 1946 年 7 月发布第219 号法令,指示在苏占区各地召开一系列教师大会以加强教师的政治教育,吸引团结苏占区师资力量;并在之后的 7 月 19 日发布了第 220 号令,宣布提高“教师物质与法律地位”。③ 由于统一社会党借此机会介入了学校教育及教师任免,因此苏方此举不仅有弥补先前措施漏洞意图,更有加强统一社会党在教育系统中影响力的考虑。为配合此举,索科洛夫斯基在 1946 年 7 月同期命令苏占区大学开设培养进步干部及教师的教育学等研究系别,并且限定只有“在德国重建实践中已证明其积极性”的学员才能够加入。④ 其

① 迈克尔·鲍尔弗、约翰·梅尔:《四国对德国和奥地利的管制 1945—1946 年》,第 360 页。

② Norman M. Naimark, *The Russians in Germany*, p. 454.

③ Norman M. Naimark, *The Russians in Germany*, p. 456.

④ Norman M. Naimark, *The Russians in Germany*, pp. 446 – 447.

背后所蕴含的政治含义已不言自明了。

在宣传上,苏方盟管当局仍然紧紧把握舆论主导权。苏方极力保证《每日评论报》的主要地位,并由苏方盟管柏林宣传机构直接控制统一社会党报纸,从而保证主要报纸与苏方机关的高度一致。① 这一时期苏联与美、英方面的报道常常击出火花,占区之间的宣传战也在这一时期频频引燃。1946 年 8 月 20 日,英军驻柏林司令官在柏林军管总部就苏占区报刊的反英文章做出了抗议,而同一天索科洛夫斯基又在盟国管制委员会会议上抗议英占区报纸的反苏言论。这一巧合使得一直潜藏不发的宣传矛盾暴露了出来,以致克莱也在两天后就苏占区报刊的反美内容做出抗议,并在协调委员会上表示:"要是我们准许德国报纸批评每一个盟国,那是令人遗憾的。此外,美方代表也不会任人抹黑而不做反抗。如若现在这种情况继续下去,我们必然要设想四方规定已不再适用了。"②至此,ACC 内部在宣传上的矛盾被上升到了影响 ACC 存在的高度。为了解决这一日渐升温的摩擦,1946 年 10 月 12 日,盟国对德管制委员会发布第 40 号法令《德国政治人员及传媒所需遵循政策》(Directive No. 40: *Policy to be Followed by German Politicians and the German Press*),对德国报刊所享有的自由活动权做出了界定。③ 但由于在实际操作中极难把握,最终英美与苏方在同期彼此禁止对方宣传品进入占区,从而互相将各自宣传范围压缩在各自

① Norman M. Naimark, *The Russians in Germany*, p. 284.

② Lucius D. Clay, *Decision in Germany*, p. 135.

③ *Enactment and Approved Papers of the Control Council and Coordinating Committee* 1947. Vol. 5, Compiled by Legal division, legal advice branch, drafting section office of military government for Germany, Berlin, 1946, p. 45.

占区内,使这一冲突得以缓和。

总体而言,1946—1947 年的这一阶段中,ACC 在前一时期创建起来的非纳粹化与教育宣传的机制上进行了拓展。除了法方依旧遵循其前期方针以外,美、英、苏三方均就德国社会的现实情况做出了政策调整。美英在这类问题的处理上走得越来越近,并试图通过让渡相关权力达到在社会文化上推动联邦制、自由主义的目的。反之,苏联则借非纳粹化打击苏占区内的反对势力,通过教育改革和宣传控制的强化来培养有利的社会环境。美英与苏方以截然不同的做法推进占区内的社会改造与文化交流,势必会因其差异性而导致冲突的产生。可以说,这一阶段,美英与苏方之间的矛盾并未完全在占区层面显露出来,彼此的攻讦仍限于对他方的具体措施及人物的不满,并不能完全描述成因意识形态分歧而造成的刻意对峙,依然有着在继续驱逐纳粹分子和深化实现教育宣传合理发展的共同迫切需求,仍能够在妥协基础上达成一致。因此其间矛盾,尤其是宣传战的初步爆发,并非是有意分裂 ACC 合作的表现。ACC 能够加以重视并达成第 40 号规章专门处理这一问题,便体现了各方的合作要求依然存在。但毋庸讳言的是,随着各占区在不同非纳粹化方针上越走越远、采取不同的教育宣传改革进程、在各占区禁止彼此的宣传材料,各方间矛盾已清晰可见,在初期创建过程中勉强维持的"四国一致"表象已难以遮掩,ACC 各方所缺少的仅仅是出面撕开这一脆弱面具的行动而已。

第二节　破裂之初:盟国对德管制委员会内部矛盾的萌发

如果说在盟国管制委员会的初期阶段,繁重的改造任务和战时的友谊关系依然勉强维持着 ACC 内部的融洽氛围的话,那么从 1946 年 4 月到 1947 年 3 月的这段时间里,ACC 内部的矛盾已经有了鲜明地体现。英美、苏联、法国三方的政策界限在这一时期的 ACC 中展现出来并引起了初步的博弈,虽然局面尚未达到瓦解 ACC 的程度,但矛盾本身的存在已经成为各方心知肚明的事实。ACC 内部四方抛弃了在 ACC 架构下合作解决问题的初衷,开始寻求自己解决德国问题的途径。

早在 1946 年 4 月从德国卸任后,朱可夫便透露称:在管制委员会中,各方代表,尤其是执行日常行政工作的协调委员会成员里“建立起来的良好关系,越来越黯淡。要寻求解决争端也变得越来越困难”。[①] 这一方面有着战时友谊随时间衰退的缘故,另一方面 ACC 初期的历程使各方代表在实际工作中彼此感受了对方的政策、立场差异,导致分化愈加严重。掌握实务的协调委员会成为各方代表矛盾最为集中之处,本身也说明了这一问题。同时,四国间通过国际会议表达出的目标与要求的不同,更助长了这一内部关系的分化趋势。

① 朱可夫:《朱可夫元帅战争回忆录》,第 816 页。

1946年4月25日,四国外长委员会第三次会议在巴黎召开。[①]美国代表贝尔纳斯主张必须对德国经济问题加以优先考虑。而苏联代表莫洛托夫不但拒绝了这一建议,还重新强调了苏联的100亿美元赔偿要求,并且反对贝尔纳斯提出的签订新四大国协议以保证德国25年非军事化的主张;[②]法国则要求在萨尔经济归属法国的条件下进一步分割鲁尔、莱茵兰。法国的立场无疑是其分裂德国,加强法国自身的原则的推进。而苏联的要求则体现了新的特性:苏联依然注重赔偿,并且打算为实物产品赔偿的方式作法理上的辩护;同时该阶段苏联基于日丹诺夫派思想,转而采用独立并培植苏占区的理念;任何可能打破德国现有占领区"各自行事"格局的新协议,都会成为苏联的障碍。苏方因而采取了与前一阶段不同的态度断然予以否决。

与巴黎会议上的角逐同步进行的,是ACC内在有关德国经济与统一问题上的龃龉不断。为了方便以转移产品形式完成其巨额赔偿要求,苏方代表在ACC经济管理局发表声明,称产品进出口问题必须分占领区来处理,只有在德国付清赔偿的前提下才能统一处理德国贸易进出口问题。这实际上是在为苏联绕开ACC限制转移德国产品为赔款做铺垫。为此,克莱在1946年4月8日便向协调委员会报告并表示"工业水平计划是以进出口平衡计划为基础的。如果没有这样一个计划,赔偿计划就无效了",[③]反对苏联大量转移德国产品。为解决这一问题,美英决意解决中央行政管理问

---

① Jürgen Weber, *Germany* 1945 – 1990 *A Parallel History*, p. 17.

② James F. Byrnes, *Speaking Frankly*, p. 175.

③ Lucius D. Clay, *Decision in Germany*, p. 121.

题,并建立一个进出口代办处类型的机构负责此事。但苏联与法国均拒不出席讨论这类问题的会议,以破坏美英进程。1946 年 4 月26 日,克莱再次抨击苏方以占领区为基础的进出口方案,表示这类计划必须以建立中央机构统一规划为前提,但再次遭到苏方拒绝。①

为了还击苏联对美、英计划的所谓"统一"进程的破坏,惩戒苏联不履行以物资换赔偿承诺的举动,以及对德国产品的掠夺性赔偿要求,1946 年 5 月 3 日,克莱在 ACC 会议上宣布:"为了保护美占区经济……除了先前已预支作为赔偿的工厂外,将不再从美占区提供赔偿。"②此举使得此前贝尔纳斯方案所规定的苏联从西占区获取赔偿的计划陷于停滞,是 ACC 内美苏双方的第一次公开冲突。克莱指责苏联虽有建立德国中央行政意图,但并不愿意通过此类机构将苏占区的资源归属到四国共管之下,因而一味拖延;总之,苏联仅希望从德国获得好处而不愿付出。③ 克莱的反击是就 ACC 范围考虑的,他希望通过此举使得苏联回到谈判桌;但由于苏联此时已经改变了初期推进德国中央行政的计划,转而专注于苏占区本身,因此这一对策误判了形势。从苏联之后所做的反应来看,它并未将克莱的举动视为对拖延《波茨坦协定》所要求的实现德国中央统一管制的警告,反而当作了是对其早在波茨坦会议时便已确定的赔偿要求的无理干涉,并进一步认定美国政府已经决定对苏联采取意识形态上的敌视态度。此外,赔偿问题还涉及法

① Lucius D. Clay, *Decision in Germany*, p. 122.
② Lucius D. Clay, *Decision in Germany*, p. 122.
③ Lucius D. Clay, *Decision in Germany*, p. 125.

国,克莱对苏占区赔偿政策的反对,实际也就否定了法占区向来所持的以德国产品补偿法国经济的做法,同样引起了法方的不满。故克莱此举非但没有使苏方盟管当局回头弥补嫌隙,反而使 ACC 的裂痕扩大到了多国层面。

克莱停止赔偿之举招致苏联强烈反对,先前所面临的窘境非但没有得到改善,反而进一步恶化。另外,法国向来反对德国统一态度,1946 年 5 月 15 日,法国外长皮杜尔表示,法国只有在安全得到保障,实现鲁尔四国共管,在莱茵兰驻军,重新划定德国州界并实现萨尔经济归属的前提下才会考虑在德国建立中央机制。① 这迫使美国转而向采取相似立场的英国靠近,寻求建立区域性的合作组织以取代毫无进展的 ACC。1946 年 5 月 26 日,克莱向华盛顿发出密电,要求在当年冬天合并美英占区,以推进德国经济。② 6 月 20 日,美方 ACC 代表麦克纳内将军在 ACC 会议上再次提议建立德国中央行政,并暗示若不成功美将重新考虑工业水平计划。1946 年夏末,美国前总统胡佛率领调查团赴德考察,向美国政府论证了援助德国的必要性。③ 美方 ACC 政策正基于此发生了转向。

与此同时,巴黎会议上有了新的动向。1946 年 7 月,贝尔纳斯询问莫洛托夫:苏联在德国到底想要什么? 莫洛托夫回应称:“100 亿美元的赔偿费和参加四大国管制鲁尔。”④苏联要价加码的同时还伴随着其方针的正式变化。7 月 10 日,莫洛托夫在巴黎外长会

---

① Lucius D. Clay, *Decision in Germany*, p. 125.

② 冯琪:《苏联对德国的政策与德国的分裂(1945—1955)》,硕士学位论文,中国社会科学院,2005 年,第 21 页。

③ 迈克尔·鲍尔弗、约翰·梅尔:《四国对德国和奥地利的管制 1945—1946 年》,第 228 页。

④ James F. Byrnes, *Speaking Frankly*, p. 194.

议上发表了苏联政府对德问题的最新声明，提出了“复兴德国”的口号。这一声明标志着苏联的对德决策基础从赔款和安全正式变为了扶持和拉拢。但与美国的在德经济建设视角不同的是，苏联方面强调首先推行“政治统一”，通过建立全德中央政府来承担铲除法西斯、履行改造赔偿义务的重任。苏联的新方针规避了 ACC 中争议正盛的经济上共同行动的问题，转而以政治为先，强调建立德国的中央集中政府取代盟国的共同管制，实际上与苏联在苏占区所实行的政策是相符合的——由于苏联的政治培植政策，苏占区无疑会在没有 ACC 影响的德国取得政治优势。且由于苏联所要求的“德国中央政府”建立在“政治统一”原则基础上，与美英着眼于经济的中央行政建设截然不同；因此这一口号非但没有推进该阶段的德国统一进程，反倒起了阻碍作用。早在 1946 年 4 月，斯大林就在《致德国全体重要代表及德共中的苏联代表》中就全德中央行政问题指出：“苏联认为，现在还不适合建立中央机构，也不适合在总体上继续推行中央集权化的政策……只有当苏联的目的实现，统一的党在西占区成立，到那个时候再谈中央行政问题。”①换言之，苏联有建立全德中央政府的意图，但并不希望在美英占优势的情况下进行。遵照这一精神，莫洛托夫在 7 月份的巴黎会议中实际上采取的是拖延策略，反倒是法国立场有所松动。7 月 11 日，贝尔纳斯在会议上发言提议：美占区愿意在经济事务方面和任何一国的占领区合并。② 在经过斡旋后，法国外长皮杜尔于 7 月 12

---

① Wilfried Loth, *Stalin's Unwanted Child, the Soviet Union, the German question and the founding of the GDR*, p. 38.

② Lucius D. Clay, *Decision in Germany*, p. 78.

日表示可以接受一个权力不涉及萨尔地区的全新跨占区盟国机构。[①] 贝尔纳斯借此要求莫洛托夫作为最后一方予以表态,但莫洛托夫并未改变立场。面对莫洛托夫的拖延手段,贝尔纳斯认为苏联想在欧洲安全问题上排挤美国,通过忽视美国对德政策主张来淡化美国的在德影响力。至此,双方初期表面上的融洽态度被打破。有关德国统一问题的焦点实际上已经从法国转移到了苏联方面。7 月 12 日,巴黎外长会议因此无果而终。

7 月 20 日,美方代表麦克纳内在 ACC 会议上再次提出占领区合并,最终于 7 月 30 日获得了英方的回应。[②] 英方之所以选择支持美方,是因为一方面美英确实在该问题上立场相近,且与美占区合并将大大减轻英方在德负担;另一方面,此时 ACC 内部由于苏联和法国均对美国主张持拖延反对态度,故英方的加入可以实现 ACC 内部的均势外交,从而提高英方的外交砝码地位。果不其然,英方的响应使得法方再次发生了动摇:8 月 10 日,法方代表柯尼希将军提出法国对于德国中央行政的建议,表示中央机构应是盟国间机构,主管人由各占领区委派,而下属官员可由德国人担任。[③] 这实际上也就是建立一个有更多德国人参与的盟国对德管制委员会,并不能引起美英的兴趣。索科洛夫斯基虽也表示苏联曾考虑过“连结”各占领区,但并未提出任何明确的具体计划。最终,苏方对法国方案也投了反对票,这一提议在 8 月 30 日被否决。这无疑

① 冯琪:《苏联对德国的政策与德国的分裂(1945—1955)》,硕士学位论文,中国社会科学院,2005 年,第 21 页。

② Lucius D. Clay, *Decision in Germany*, p. 168.

③ 迈克尔·鲍尔弗、约翰·梅尔:《四国对德国和奥地利的管制 1945—1946 年》,第 220 页。

使得苏法原本微妙的类似“合作”态度失衡。但对于美英而言，这无甚意义，因为它们并未期望合并占领区的动议能获得苏、法一致肯定。8月15日，美英就占领区合并达成协议；9月5日，美、英不顾ACC“四国一致”原则，发布了占领区联合协议文本，宣布将实行占领区合作，以若干德国委员会管理双占领区事务。从协议本身来看，美、英将其严格限定在了经济范围内，以强调该组织形式并非政治合并而仅涉及经济领域，这一方面是为了通过未来的经济成功吸引苏法加入；另一方面也是为了绕开ACC限制，使以后的双占区不致违反波茨坦会议所确立的“全盘占领”原则，为将来与苏、法的协商留下余地。①

为了打消苏、法疑虑，敦促苏、法加入合作，贝尔纳斯在双占区第一项协议签订翌日，即9月6日，在斯图加特为该协议发表讲话：“如果不按照《波茨坦协定》的期望和要求把德国作为一个经济单位来管理的话，盟国管制委员会所同意的工业水平应予变更。……《波茨坦协定》的执行一直遭受阻挠，原因是盟国管制委员会未能采取必要措施使德国经济成为一个经济单位而起作用。”如果没有经济统一，就无法达到盟国对德管制委员会所规定的标准。因此，应予建立德国中央行政管理机构，以推行共同财政政策，确立一个全国性的运输、工业和外贸组织；此外，讲话将德国经济、《波茨坦协定》的实现、欧洲复兴三者联系在了一起，彻底否定了“摩根索计划”等旨在限制德国经济的政策。② 贝尔纳斯的《斯图加特宣言》被认为是美国经济扶持西占区，推行德国“经济统一”

---

① John Gimbel, *The American Occupation of Germany*, p. 114.

② James F. Byrnes, *Speaking Frankly*, pp. 188 – 191.

政策的起源。然而此宣言所引起的反响出乎贝尔纳斯预料,除英国首相贝文在10月22日表示“几乎全然同意贝尔纳斯的话”以外,[1]其意在做出解释的对象——苏联与法国——均表示了强烈的不满。法国担心德国会通过这一计划得以复兴,苏联则斥责美英违反《波茨坦协定》单独行动,甚至指责贝尔纳斯的《斯图加特宣言》是将德国重新引入战争之举。[2] 在这一情况下,美英继续独力推行占领区合作,9月11日,双占区经济行政体成立。[3] 1946年12月2日,美、英在华盛顿就先前未商定的财政分工问题达成协议,形成《德国美占区和英占区经济合并协定》(*Bizonal Fusion Agreement*),规定在1947年1月1日正式合并成立双占区(Bizone),并依据协定建立共同行政机构:“两个占领区对于一切经济目的来说,应视为一个单一地区……两国政府目标是,在1949年年底以前达成本地区的经济自主。”[4]1947年2月25日,索科洛夫斯基发表声明谴责称双占区“不只是经济性质,也是政治性质……双占区协定将对德国的未来政治产生严重的后果”。[5] 虽然这一断言更多是出于宣传意义,但确实反映了双占区将要激发的问题。无疑,美英此时并无以双占区取代ACC的野心,这更多是一种绕开ACC达成德国区域性经济统一的权宜之计。1946年10月,双占区政策的主要倡导者克莱就曾表示,双占区保持政治不融合宗旨,其目的是让德国人承担更多的工作,从经济领域缓缓介入到政

---

① 迈克尔·鲍尔弗、约翰·梅尔:《四国对德国和奥地利的管制1945—1946年》,第207页。

② Norman M. Naimark, *The Russians in Germany*, p. 333.

③ John Gimbel, *The American Occupation of Germany*, p. 82.

④ 卡尔·迪特利希·埃尔德曼:《德意志史》(第四卷下),第251—252页。

⑤ 吴友法:《德国现当代史》,第286页。

治范围,[①]从而在 ACC 内吸引苏联和法国加入,达成"经济统一"的目的。由此,双占区出现的根本原因是 ACC 在"德国统一"任务上的无能为力,是对 ACC 的补充而非僭越。因此,美、英并不认为这一组织的设立有碍于 ACC"四国一致"原则;且认为其局限于经济领域反而是对该原则尊重的体现:"视德国为经济统一体"本就是《波茨坦协定》的条款所注。由于意识形态上的影响,以及巴黎会议上莫洛托夫的拒绝和法国的动摇态度,美国在以双占区为基础的吸引合作计划上对法国额外照顾,而对苏联则不甚抱有希望,[②]但并未因此就断然放弃 ACC 这一媒介。这本身便说明此时双占区对于 ACC 而言仍为从属性质。该阶段美英在双占区上的努力与在 ACC 内的博弈是平行进行的,ACC 依然是四国在德的主要政治平台。但随着外交态势的日益恶劣,以及苏美对德方针"政治统一""经济统一"路线分化加剧,双占区这一组织形式势必会被赋予特殊的政治任务,从而在 ACC 难以维持时产生取代作用,不过这已然是后话了。

在美、英合作独立行动的同时,法国也采取了单独行动以保证萨尔的经济归属,这引发了该阶段盟国关系中的另一大裂痕。1946 年秋,法国外长皮杜尔向美英就萨尔地位问题提出要求,美国当时便表示同情并予以接受,英国首相贝文也表示英国并不反对。[③] 但法国早先于 5 月 15 日在巴黎会议上的条件加码招致了美

---

① John Gimbel, *The American Occupation of Germany*, p. 82.

② Lucius D. Clay, *Decision in Germany*, p. 166.

③ 迈克尔·鲍尔弗、约翰·梅尔:《四国对德国和奥地利的管制 1945—1946 年》,第 315 页。

英的反感[①],使得其对法国分割德国的要求持谨慎态度。1946 年 10 月 22 日,贝文明确表示英国政府反对法国分裂莱茵兰和鲁尔区的要求,同时也等于打消了苏联意在参与鲁尔共管的主张。[②] 然而由于苏联方面的反对,法国对于萨尔的要求也未获得 ACC 通过。在这种情况下,法国采取非常措施,12 月 20 日,法方协调委员会代表科尔兹将军在 ACC 例行会议前数小时突然照会其他三国,宣布萨尔并入法国关税经济区。[③] 这一先斩后奏的举动引发了其他三方代表的强烈抗议,要求协商行动,反对法方盟管当局在政府授意下私自行事。虽然法国对于萨尔的要求已为其他三国所了解,并获得了美英的默认,此事最终也不了了之,但法方盟管当局违反"四国一致"原则擅自行动,极大地刺激了其他盟国成员,使得 ACC 名义上的主权威信受到了破坏,首开了在 ACC 内部不予知会直接行事的先例。就这一点而言,此事是 ACC"独立行事"原则的恶性发展。在这一事例中,对于领土让渡这样关乎主权的事务,占领区长官原本在其占区内的独立行事权实际上超越了"四国一致"原则,不但未要求 ACC 予以决策,甚至不向其告知协商,也就使得 ACC 在这一事件的处理上完全处于无所作为的地位。随着日后管制观点和意识形态的愈加对立,这类权力危机事件在 ACC 中变得越来越常见,"四国一致"与"独立行事"原则的逻辑矛盾日益明显,成为了葬送 ACC 的法理怪圈。

---

① 法方所提出的新条件要点,参见前文法国外长皮杜尔于 1946 年 5 月 15 日所作声明,其中鲁尔四国共管、莱茵兰驻军及萨尔归属问题触及了美英方面当时的政策底线。

② 迈克尔·鲍尔弗、约翰·梅尔:《四国对德国和奥地利的管制 1945—1946 年》,第 232 页。

③ Lucius D. Clay, *Decision in Germany*, p. 132.

综合言之,这一阶段是盟国对德管制委员会内部矛盾凸显的时期。先前被法国的不合作态度所掩盖的苏联与美英的对德处理矛盾,尤其是在德国统一路线上的矛盾暴露了出来,并转而成为ACC中最为关键的分歧。苏联追求的也不再是初期的惩罚德国、排挤英美,而是要通过“政治统一”建立真正的德国盟友,并为此对美英所主导的经济统一进程加以拖延。美英则以经济性质的双占区作为回应,希望在ACC原有体制外寻求实现占领区间以“经济统一”为主导的合作新途径,但也无可避免地为ACC在组织上被取代埋下了伏笔。法国在萨尔归属问题上急功近利的做法,既进一步恶化了盟国间的合作关系,也侵犯了ACC基于“四国一致”而享有的德国主权权威。在四大盟国互划阵营、彼此对峙的背景下,ACC管制下的德国四大占领区一面继续推进着各自的对德管制改造主张,一面日渐走近一个各行其是、互相攻讦的时代。

第四章　分立斗争期(1947 年 3 月—1948 年年初)

1947 年 3 月后,美国对德决策发生重大变动,与英方盟管当局联系紧密,主张德国“经济统一”、对苏强硬、团结法国的克莱将军随之由协调委员会成员升任盟国对德管制委员会美方正式代表。苏联随即在 ACC 中针锋相对,开始以“政治统一”的路线为纲在苏占区建设和国际会议中展开对抗。ACC 在对德工作与内部关系上出现了前所未有的巨大裂痕。随着法国在德国处理问题上逐渐倾向美英,ACC 在四方矛盾处理上的微妙平衡被打破,苏方与美、英、法在内外各项政策上越走越远,甚至出现了刻意抵触的局面。在“冷战”阴云下,ACC 在成功达成战后初期对德管制改造目标的情况下,反而因同盟间内部的矛盾而日渐踏入一个分立斗争的时期。

第一节　各行其是:盟国对德管制委员会对德工作的分化

1947 年 3 月 15 日,盟国对德管制委员会下属协调委员会美方代表、美占区副总督克莱将军,取代原任麦克纳内将军成为美方

ACC 代表。[1] 克莱与其前任艾森豪威尔将军、麦克纳内将军不同，并非美军军事主官。他长期担任民事工作，与他国将领的战时合作较少，并且自 ACC 成立起便一直担任美方协调委员会代表，对于德国实际状况有其独到认识。克莱主张在德国实现占领区合作，恢复德占区经济，可以说是美国国会及国防部所持“对德温和”的“国务院路线”的继承者。在克莱上任的同时，1946 年夏前往德国考察的前总统胡佛调查团也在 1947 年 3 月发表报告，表示“重建德国经济不仅符合美国纳税人的利益，也符合全欧洲稳定的利益”。[2] 克莱上任与胡佛报告出炉，标志着美国在德占领政策的重大转变，同时也完全改变了美方管制当局在 ACC 中的立场。以美方管制当局为首的西占区开始彻底抛弃以往通过“摩根索计划”、1067 号指令及工业水平限制计划传承下来的极力限制德国经济的精神，转而全力推动德国的经济建设，并意图通过经济联动达到德国或至少西占区“经济统一”的目标，以经济的发展而非限制改造德国，使其走上一条前所未有的和平发展道路并带动整个西欧经济的复苏。美方对德政策的转变引起 ACC 内其他三盟国的不同反应，各方不顾“四国一致”原则，纷纷采取行动以求达成自身在德目标，ACC 进入了一个四占领区斗争不断的时期。

一、经济“全面复兴”与“全面整顿”

在美国对德政策发生根本性变化的同时，1947 年年初的德国

① Lucius D. Clay, *Decision in Germany*, p. 227.

② 吴友法、邢来顺：《德国——从统一到分裂再到统一》，第 278 页。

现状也催促着 ACC 改变向来秉持的经济限制政策。虽然在前一阶段一些盟管成员方(如英法等占区)已在着重发展占领区经济,但其本身目的是减轻占领方负担或补充母国经济,只求实现德国经济的基本自给,部分情况下甚至有经济掠夺意味,于"振兴"而言相差甚远。这类宽松政策缺乏相应的计划方针,往往只是减轻限制力度,甚至只是由占领当局做出一个经济上"积极"的表态,无法刺激占区经济进一步发展。这使得各占领区本身的经济形势实际上并未得到实质性好转。1947 年 3 月,由于食品和住房严重缺乏,又一次严寒冲击及产品赔偿征收情况的延续,德国发生大面积的恐慌,导致严重社会冲突;德国民众对 ACC 的管制工作再生不满。

美方管制当局在政策转变之后,意识到德国经济恶化将影响到盟国管制,乃至整个欧洲的恢复局面,不但强制性的措施不应再延续,还必须以积极行动推进经济发展,否则将会引起社会混乱乃至革命。1947 年 4 月,美方在 ACC 会议上重提有关德国赔款以及工业水平的问题。① 但实际上,自 1945 年各占领国开始在德争夺赔偿起,这些问题的相关协议就已经无人遵守了。美方此举在于为以后重振德国经济的行动造势。6 月 5 日,旨在恢复欧洲经济的《欧洲复兴计划》(*European Recovery Programme*,亦即马歇尔计划)提出德国西占区将成为其政策着眼点。至此,美方振兴德国经济的决心已下,开始付诸行动。7 月 11 日,美国政府向美方盟管当局下达参谋长联席会议第 1779 号指令(JCS1779),主张:一个有秩序和繁荣的欧洲,需要一个稳定和富饶的德国做出经济贡献;鼓励德国人民重建一个致力于和平目的的自给国家,并同欧洲经济一体

---

① John Gimbel, *The American Occupation of Germany*, p. 174.

化相融合；指出美国对德政策的基本目标是竭尽全力实现同其他占领区的经济统一。1779号指令取代了先前的1067号指令，使得美方政策转向得以落实，并因双占区的进展及法方不合作态度的动摇而影响到整个西占区。1947年8月22日至27日，美、英、法三国代表就ACC在1946年3月26日制定的战后德国工业水平计划修改问题在伦敦进行会谈，美英依照1779号指令精神要求迅速推进德国工业重建。法国则因担忧德国会先于其他欧洲国家（尤其是法国本身）实现经济复兴，从而危及法国等其他欧洲国家的安全与发展，因此否决了美英提高德国生产水平，以德国重工业为基础实现欧洲复兴的提议。最终，在美英承诺德国复兴不应优先于欧洲其他民主国家的保证下，法国有保留地同意了美英的主张。必须看到的是，在这一经济决策中苏联始终缺席，换而言之，美英是在绕开ACC，未取得"四国一致"的情况下修改了由ACC确定的德国工业水平计划。为了规避反对，美英将这一计划限定在双占区内，于8月29日公布：双占区工业水平提高三分之一到五分之二，工业产能达到1938年的70%—75%，工业生产指数在3年内达到德国1936年水平，钢限额从580万吨提高到1110万吨。[①] 这一计划的通过标志着美英以"一个有秩序和富裕的欧洲需要和一个稳定的有生产力的德国进行经济合作"，取代了先前"强大的欧洲，虚弱的德国"这一限制德国的基本原则。就ACC层面而言，虽然美英刻意将"修正的工业限制计划"局限在双占区，以图规避ACC共同决策，但此举本身也违反了《波茨坦协定》要求ACC将德

① 卡尔·哈达赫：《二十世纪德国经济史》，扬绪译，北京：商务印书馆，1984年，第96页。

国视为经济整体的规定。这一修正计划的出台,实际上也使德国的经济分裂局面得到了承认,说明 ACC 在德国经济建设问题上已失去一致合作的可能。1779 号指令后,美英指导下的德国全面复兴计划开始。从 1948 年开始,美依照"马歇尔计划"向西占区援助总额达 15.6 亿美元,为西占区的经济发展提供了强大的后援。

随着美英的政策改变,法国也意识到了改变方针的重要性。法国一直谋求鲁尔区经济国际共管,但 1947 年 9 月 10 日,美英在未知会法方情况下,依照 1779 号指令精神将鲁尔矿区由军管改为美英监督德国人管理。① 这极大地刺激了法方盟管当局,使其认识到如若再持不合作态度,在经济政策上一意孤行,势必会被排挤在未来对德管制乃至欧洲复兴计划之外。1948 年,法国外交部就法国对德政策进行了重估,认为因法方盟管当局缺乏对德长期、有建设性的方针政策,已经损害了法国的国家利益,②故必须放弃以往消极封闭的实用主义原则,采取更为积极开放的步调。1948 年 1 月 4 日,法国外长皮杜尔在给 ACC 法方代表柯尼希将军的指令中强调:"必须停止一切攫取、强迫销售以及明显的耗费,应当尽一切努力与德国人进行有益的接触……并向他们表明我们并不打算主宰欧洲,而仅仅是在联合与合作的欧洲中起令人尊重的作用。"柯尼希也表示:占领的初期阶段业已结束,"我们最为关注的不再是为过去进行报复,而是展望未来",应当促进"德国在欧洲核心组织

① 张沛:《凤凰涅槃——德国西占区民主化改造研究》,第 89 页。

② 玛利亚·格拉齐娅·梅吉奥妮:《欧洲统一,贤哲之梦——欧洲统一思想史》,陈宝顺、沈亦缘译,北京:世界知识出版社,2004 年,第 207 页。

中的复兴尽快占据其应有位置”。[①]

面对 ACC 中其他三方愈加趋向于德国经济全面复兴的态势，加之 1947 年春夏苏占区经济低迷的形势，[②]苏方盟管当局也开始改变经济方针加以应对。而其中的重中之重，就是让经济赔偿向“政治统一”让路。为了让苏方的“政治统一”方针在 1947 年 3 月的四国外长莫斯科会议上占据优势，斯大林提议苏方做出让步，称可以让德国暂时停止赔偿支付：“如果赔款问题阻止了德国统一的进程，那么，就让它推迟吧。”[③]这一决策标志着苏联的政策重点从获取经济赔偿转向实现德国“政治统一”。为了贯彻斯大林指示，苏联于 1948 年 2 月成立特殊委员会审计德国赔偿总额，其报告指出苏联在 1945 年 8 月 2 日至 1948 年 1 月 1 日期间，苏联共获赔款 26.8 亿美元，[④]这一数字无疑是相当保守的。此外，苏方盟管当局还在 1947 年夏着手处理冻结纳粹财产中的错误问题，以防其影响占领区经济，并在 1948 年春正式结束了对德国工厂的封存，归还了部分封存品，将封存工厂交由德国方面改造为“人民企业”。[⑤]但必须看到的是，苏方该阶段在赔款上的让步仅仅是就政策优先级别上而言的，并不意味着苏占区可以真正停止经济赔偿，而苏联对德国经济的控制也并未因此放松多少。1947 年 8 月时，苏方还曾因

---

① John Gillingham, “From Morgenthau Plan to Schuman Plan: America and the Organization of Europe”, in Jeffery M. Diefendorf, Axel Frohn and Hermann-Josef Rupieper (eds.), *American Policy and the Reconstruction of West Germany*, 1945 – 1955, Cambridge: Cambridge University Press, 1994, p. 130.

② Norman M. Naimark, *The Russians in Germany*, p. 194.

③ Wilfried Loth, *Stalin's Unwanted Child, the Soviet Union, the German question and the founding of the GDR*, p. 56.

④ Norman M. Naimark, *The Russians in Germany*, pp. 168 – 169.

⑤ Norman M. Naimark, *The Russians in Germany*, p. 172.

产品赔偿方式效果不佳而要求德方“采取断然措施完成赔偿方案”。[①] 且即便在向德方移交部分厂矿后，苏联仍掌握苏占区25%的生产。[②] 加之1947年12月莫斯科外长会议后，西方已明确表态不愿让苏联从西占区获取任何赔偿，因此负担已全然压在了苏占区身上。[③] 因此，由于实际情况限制，苏方盟管当局所表现出的经济让步更多只是政策表态，对于苏占区经济形势并没有太大帮助；然而苏方经济方针重点从获取赔款到放宽苏占区经济，为“政治统一”造势的转变，确是无可争议的事实。

在ACC各占领方相继推行解除对德限制，振兴德国经济的措施后，各占区内却再次出现了一波拆卸和经济制度改革的风潮。这一状况看似矛盾荒谬，但实际上体现了ACC各成员国对于德国经济振兴的潜在担忧。在这一阶段，美、英、法三方致力于大规模工厂拆卸、金融改革和工会合并，而苏方盟管当局则继续推行土地改革及工会运动。究其原因，各方均是为了自身安全及未来管制稳定考虑，美、英、法希望在德国通过工业复兴壮大之前，消除其重工业及金融资本集中所含有的战争隐患；苏方则希望在业已掌控德国经济命脉的前提下，通过土地改革及加强工会来获得政治支持，改善经济情况。

这一阶段在ACC美、英、法占区兴起的又一波拆卸，主要针对德国的重工业，尤其是可用作军事用途的工业类型。1947年8月，在西方三国就修改德国工业限制计划展开讨论的同时，美英双占区就宣布：“全部化学工业能力的40%—50%……将被拆除充作赔

---

① Norman M. Naimark, *The Russians in Germany*, p. 188.

② Norman M. Naimark, *The Russians in Germany*, p. 190.

③ Norman M. Naimark, *The Russians in Germany*, p. 168.

偿或被摧毁”,其决心及力度之强可见一斑。[①] 1947 年 10 月 17 日,在新工业水平计划出台后仅 2 个月,美英双占区盟管当局就以前所未有的速度开列出了一张拆卸清单,规定将按期拆除德国 682 家工厂。随着法占区日后并入双占区,这一数字又加上了法占区的 236 处工厂,最终数字达到 918 家;[②]其涵盖的工厂大多属于钢铁、电子、化学、机器生产等重工业项目。其中值得注意的一点是,往常一向在拆卸事业中持消极态度的英国在此次大范围拆卸中显得极为配合,甚至因此而被美国工会联合会批评为:“引人注目地复活波茨坦精神和卑鄙的摩根索主义。”[③]英占区早在 1947 年年底 1948 年年初便全面展开该拆卸计划,而且稳定地保持在每月 4.5 万吨的高速度,为此甚至不惜动用破坏性的氧气切割乃至炸药爆破拆除法。英方此时在 ACC 拆卸政策立场上的转变,实际上很好地诠释了其“均势政策”:在盟国管制委员会推行限制德国经济,并以德国工业赔偿盟国的情况下,英方并不希望过分削弱德国,并由此导致欧洲出现另一个工业强国,给英国造成经济与战争潜力上的潜在威胁,因此持消极拖延态度;而一旦 ACC 内部出现了恢复德国经济的浪潮,英国迫于德国复兴的可能,以及未来欧洲乃至世界市场中德国产品与英国的市场竞争考虑,也就随之转变态度,成为拆卸政策的忠实拥趸者了。

---

① Raymond G. Stokes, “Techology Transfer and the Emergence of the West German Petrochemical Industry, 1945 – 1955”, in Jeffry M. Diefendorf , Axel Frohn, and Herman-Josef Rupieper (eds.), *American Policy and the Reconstruction of Germany*, p. 223.

② John Gillingham, *Coal, Steel, and the Rebirth of Europe*, 1945 – 1955: *The Germans and French from Ruhr Conflict to Economic Community*, Cambridge University Press, 1991, p. 209.

③ 卡尔·哈达赫:《二十世纪德国经济史》,第 98 页。

就西占区而言,除了拆卸的重兴外,另一方面的整顿来自于非集中化向金融方面的聚焦。由于战后德国长期的通货膨胀以及经济困难,为了防止经济恶化,同时也为集中精力铲除德国战争工业,盟国对德管制委员会一直对德国的银行体系投鼠忌器,很长时间内并未进行深度的改造。随着各盟国对1946—1947年管制下经济危机的反思,以及1947年初起德国经济复兴建议的提出与普及,改造德国金融体系、解除德国金融武装、保证西方经济援助在和平金融体制下得以应用已经成了西占区的当务之急。在这一背景下,西占区在1947年5月颁布法令,旨在将二战后遗留的德国三大银行:德意志银行、德累斯顿银行和商业银行以“经济力量过分集中”的名义予以解散,分为10个银行,保证西占区九个州及西柏林地区各有一家,且不允许其间产生法律或金融上的联系,只能在所属地方上进行有限运营。[1] 此后,美方曾出面提议建立由ACC管制的全德银行体系。但法方此时依然对德国的金融统一持担忧态度,故否决了美方提案,使之最终流产。[2] 在1947年3月莫斯科四国外长会议后,美英意识到与苏联的“经济统一”与“政治统一”之争事实上已使得ACC层面的经济合作已不再可能,因而进一步强化双占区内部的金融体系,于1948年2月15日建立美英占区合办的德国国家银行以支撑双占区金融 ,放弃了在ACC内实现统一金融改革的计划。1947年年末,伦敦四国外长会议再次破裂,法国在意识到苏“政治统一”方针对法占区的威胁后,选择倾向美英,并通过三占区的建立实现了西占区金融体系的统一。

---

① 张沛:《凤凰涅槃——德国西占区民主化改造研究》,第103页。

② Lucius D. Clay, *Decision in Germany*, p. 204.

与此同时,各占区的工会运动则开始向统合迈进。早在双占区成立后,便在美方主持下于1947年7月至12月间组织了每月召开一次的劳资联合委员会,劳工领导人及企业家均可依靠该组织为双占区当局提供建议。但这一组织被加上了严格的非正式限制,以保证其无法像英占区经济委员会那样系统地掌握权力。这一组织形式无疑体现了美方对德一贯态度:既要争取德国人的参与,又要保证占领当局行事不受其牵制。之后,西占区的工会主要以工会合并为目标。但由于法占区至1948年年初才正式加入三占区,因此三占区统一工会的最终建立被拖延到了ACC瘫痪之后的1949年,[①]且始终处在与苏联支持的FDGB的对峙之下。而就苏占区来看,该阶段工会政策则旨在加强工会以应对经济困难。在之前的阶段中,苏方盟管当局所扶持的德国自由工会(FDGB),虽然自活动起就拥有着苏占区唯一占领区级别集中性工会的地位,但本身依附于苏方当局、德共及后来的统一社会党,在工运及生产等方面掌握的实际影响力并不大。1947年春夏时期,苏占区经济低迷,苏方将之归咎于德方政府打击黑市、投机及蓄意破坏行径的力度不足,转向其他途径寻求解决;由于苏方盟管当局此时已按照日丹诺夫派精神将苏占区视为未来盟友,因此直接出面强制管制已不再合适,工会就成了最好的管制载体。1947年10月9日,索科洛夫斯基发布第234号令,将打破生产低迷的责任转交给工会承担,并许诺给予工人更好的工作条件。[②] 这一指令加强了工会组织

---

① 迈克尔·鲍尔弗、约翰·梅尔:《四国对德国和奥地利的管制1945—1946年》,第308页。

② Norman M. Naimark, *The Russians in Germany*, p. 194.

工人、干涉生产的能力,强化了 FDGB 对工人的吸引力以及对于企业生产的影响,但本身并未对苏占区经济好转起到太大作用。FDGB 本身就对这一任务的可行性表示怀疑:苏占区该阶段的经济低迷,更多源自苏联长期拆卸所遗留的工作环境不良、生产能力下降等问题。且苏方虽在该阶段降低了赔偿在其对德政策中的重要性,但实际上并未完全解除苏占区的赔偿负担,再加上与西方矛盾深化后转嫁而来的原西占区赔偿数额,实际上使得大量生产成果仍需充作赔偿,工人自身得不到收益,且基于配额制的劳动报酬也使其积极性受挫;在这样的情况下,工会的介入实际上并不能解决工人所面临的实际困难,也就难以转变苏占区蔓延的生产颓势。苏占区这一真正希望通过工会解决经济问题的措施,却在实际操作中仅收获了巩固 FDGB 在工人及生产中影响力的政治效果,加强了其对苏占区工会运动的统合能力。自此之后,ACC 所设想的统一的德国自由民主工会运动实际上就被东西占区各自高度统合的工会对峙局面所取代了。

整顿的另一方面在于土地改革。在 1947—1948 年,盟国对德管制委员会仍将土地改革作为四占领方的共同策略,但各占领区依然继承了各自先前所持的土改态度。虽然 1947 年 3 月的莫斯科四国外长会议上,西方三国再次公开承认了执行土地改革的重要性,[①]从而开启了呼吁德国进行土地改革的第二次浪潮,但西占区的土地改革仍然面临着被故意拖延的命运。为了应对所做的土改承诺,英方盟管当局在 1947 年 9 月通过法令改革大地产,美方也大

① Rolf Badstübner, "The Allied Four-power Administration and Sociopolitical Development in Germany", *German History* Vol. 7, No. 1, p. 34.

力加强土地登记力度，法方更是要求把土地改革内容写入其所属各州宪法。但在实际操作中，西占区普遍将具体土改措施交给德国人执行，由德国人所组成的委员会负责。由于西占区本身农业比重就不大，具体负责的德国机构往往出于生产考虑刻意减轻土改力度，延缓土地征收程序，加之以工业生产为重的德国本身就缺乏一个成规模的无地农民群体来支持土改决议，因此除非盟国当局施加压力，德国方面是不会就土改做任何事情的。在这样的情况下，西占区土改最终陷入"雷声大、雨点小"的窘境，并未贯彻ACC的土改精神。相形之下，苏方盟管当局则坚持完成了土地改革，这在当时苏联对德政策已经发生改变的情况下殊为不易。要知道，通过土地改革消灭容克阶级是与利用经济赔偿消灭德国工业集团同时提出的苏联初期对德改造重点；而在当时，苏联已依据日丹诺夫派精神放松对德经济赔偿要求，之所以继续维持土改政策是有其内在原因和转变的。如果说过往阶段的土改有以土地换取难民及无地农民的政治信任因素的话，这一阶段的土改已随苏联政策的转向而有了在德国以苏联方式建设新农业生产形式的新意义。苏方盟管当局旨在以类似20世纪20年代苏联新经济政策的形式完成土改，缓和阶级斗争等要素，从而温和且有序地实现大地产制容克经济的解体。苏方主持下的这场1945—1948年土地改革最终涉及苏占区34%的耕地和大约559000的人口。[①] 土改后超过51000人加入了土地分配委员会，增加农户290000户，苏占区共

① Gary Bruce, *Resistance with the People*, *Repression and Resistance in Eastern Germany* 1945－1955, pp. 32－33.

计 530000 多户农民分得了平均 5 公顷的新土地。[①] 这些人既成为"新农场主阶级"取代容克覆亡所留下的经济空白,同时也预示着德国的土地所有制将发生根本变化:这些只有新划小块土地的新农民缺乏设备、种子、技术等一切农业生产所必备的因素,为了投入生产并完成苏方所指定的配额,就不得不选择加入农业互助甚至进行公社化经营,实际上等于变相消灭了苏占区土地私有制。总而言之,由于土地改革行使力度的不同,东西占区间在土地制度这一经济基础要素上最终演变出了巨大的裂痕,虽然都极力清除了作为军国主义诞生土壤的容克阶级本身,但西占区并未像苏占区一样广泛建立起新的土地制度,而是简单地将完整的地产重新转手交到可信的德国人手中继续投入农业生产以保证效率。德国土改进程的差异,充分显露出各方在政策着眼点上有着根本的不同,这本身也是 ACC 各区"独立行事"统治方式所导致的德国经济分裂的原因之一。

二、政治对峙局面的形成

1947 年,年初,美英双占区的成立是对盟国对德管制委员会政治格局的极大冲击。虽然美英一再表示双占区联合仅具有经济性质,双占区所将建立的德国中央行政机构也会由美英盟管方面严密监督,但无论是苏联还是法国,都对这一联合形式的未来发展深表怀疑。法国认为这是美英方面意图放弃 ACC 共管形式,抛弃法

① 安·安·葛罗米柯,鲍·尼·波诺马廖夫主编:《苏联对外政策史(下卷)1945—1980》,第 68 页。

国单方面建立德国独立政权的先声，因此做出了加快法占区政治建设，向美英靠拢的抉择。而苏联则将英美此举视为划分政治对峙界限的敌对性政策，故授意苏占区在抵制西方联邦制影响的前提下，建立强大的中央政府，以形成足以与西占区分庭抗礼的政治体系。前阶段 ACC 各方在各自占区内推行的上层政治建设与权力让渡在这一时期的政治对峙过程中得到了深化与巩固，从而为德国的分裂奠定了政治基础。

由于前期工作的拖延，英法占区在该阶段西占区的政治建设中相对落后。因普鲁士州取消并重划州界的影响，英占区的州级选举迟至 1947 年 4 月方才举行，立宪程序也相对完成较晚，至 ACC 瘫痪也未正式结束。① 可是因为英占区向来主张进行全占领区级别的统治，建立有咨询委员会进行管理，且较早便加入并形成了双占区，因此地方政治上的迟滞并未影响西占区整体的政治建设。法方盟管当局则在 1947 年 5 月通过州级选举批准了各州宪法，建立了以州政府权力为基础的非中央集权性占领区政治体系，②并加速了萨尔区的政治分离进程：1947 年 10 月，萨尔地区在法方监管下进行立宪会议普选，并在 12 月通过宪法，正式宣告萨尔在经济上加入法国并在政治上独立出德国。③ 由于 1947 年双占区的建立以及前阶段法国在对德问题上所体现出的摇摆倾向，法方盟管当局在这一阶段一反初衷，加速解决法占区政治格局问题，无法否认有着造成政治上的既成事实，以便在未来的三占区态势中维护法

---

① 卡尔·迪特利希·埃尔德曼：《德意志史》（第四卷下），第 247 页。

② Beate Ruhm von Oppen (ed.), *Documents on Germany under Occupation 1945 - 1954*, pp. 231 - 232.

③ 张沛：《凤凰涅槃——德国西占区民主化改造研究》，第 168 页。

方政治利益的意图。在政治建设上走在前列的美方盟管当局则基于“联邦制”理念，于 1947 年 6 月 6 日在慕尼黑再次召开了全德州政府代表会议，作了从州级层面吸引德国地方政府进行统一合作的最后尝试。但是法占区代表因未获法方同意而不能参加，[1]苏方则表示要有条件参加，但因美英方面不予接受而退出并上报 ACC 谴责美英。如果说苏联的继续缺席可以归因于东西方之间的意识形态分歧，则一向主张地方分权的法方甚至未像前次会议那样派出观察员，可以说是该阶段法国的对德政治需要使然——如若美方通过州级联邦制达成统一的计划得以实现，则法方的管制将在未来德国政治格局中被架空，甚至连法方在三占区中的地位也会受影响，这也正是法方在该阶段加速占领区政治进程的初衷所在。因此，即便法方并不反对美英所提倡的联邦制，这也必须在三占区建立，法国的在德地位与作用得到体现与考虑的情况下施行，而不是在 ACC 依然存在的“四国共管”情况下，以牺牲法方盟管当局原有的相对独立地位及“独立行事”权力的条件下达成。这次会议的失败实际上使得美方盟管当局以“联邦制”州级合作解决德国政治统一问题的设想告终，西占区由双占区至三占区，以三占区建立独立政权的政治前途成了唯一的选择。

就 ACC 下属西占区而言，双占区向政治化，乃至形成三占区发展道路无疑也正是该阶段的政治主题。美英占区原先就建立有德国人组成的咨询委员会进行占领区管理，在双占区建立后，这些机构被取消并向双占区级别的组织形式过渡。1947 年 5 月 29 日，美英签订《改组双占区经济机构协定》，宣布成立联合经济区，并将建

---

① Lucius D. Clay, *Decision in Germany*, p. 101.

立经济委员会、执行委员会及各行政管理部门,[1]实际上将原有的经济双占区升级成中央政府雏形。1947 年 6 月 25 日,依据美英盟管方面"有益于其德国中央政府核心特性之可行前景"的要求,双占区经济委员会(German Economic Council)在法兰克福成立,其由各州选出的 52 名代表组成,承担有议会之责并拥有部分立法权力。[2] 为了防止苏法在 ACC 就此做出诘责,美英强调该委员会仍在政治上受美英盟管当局监督管辖。之后,随着 ACC 裂痕扩大,经济委员会一再升格。1948 年 1 月 6 日,美方 ACC 代表克莱、英方协调委员会代表罗伯逊在与双占区首脑磋商后,于 2 月 6 日宣布将在 9 日改组双占区政府结构,不再因波茨坦精神避讳"政府"名义,建立新的双占区经济政府,将其立法机关规模扩大到 104 名代表,并建立一系列由德国人组成的委员会处理中央行政事务。这一政府继承了原本经济委员会的功能,并增加了海关、税务、劳工及统计的管理权,实际上把握了双占区的命脉部门。此后,随着法国正式表态倾向英美,双占区开始向三占区发展。1948 年 2 月 23 日,美、英、法三国副外长会议上,法国表示同意将法占区与双占区合并,共同建设"三占区"。然而由于 ACC 此时的内部矛盾已处于水深火热状态,因此该会议迅速拓展为西欧六国会议,并把议题从"三占区"直接升级到了建立正式的"西德政府"之上。至此,双占区的发展道路冲破了 ACC 范围限制。无论西占区经济委员会或经济政府权力如何加强,"占区"这一词本身即是对 ACC 占领状态的承认,但西方国家"西德政府"方案的提出就已否定了 ACC 的"全盘

① 吴友法:《德国现当代史》,第 287 页。

② John Gimbel, *The American Occupation of Germany*, p. 186.

管制”理念,否认了与苏占区的合作可能,认定了德国政治分裂的既成事实,从而也宣告了对ACC政治构架的放弃。

在西方三国大力拓展双占区的同时,苏方盟管当局也做出了迅速的政治应对。由于前阶段在ACC会议上对美英建立双占区的抗议未获成效,苏方决定建立强大的中央机构,与西方一再升级的双占区机构成犄角之势。值得注意的是,虽然苏方及早建立了中央行政机构,但实际上并没有建立过类似西方咨询委员会这一立法机关或政府形式的体系。这与苏联的占领特点有关:苏联主要通过政党之间的纽带关系进行占领区治理的指导,莫斯科与柏林的党组织间有着直接联系,可以越过这类组织直接贯彻苏方党中央的要求。加之苏联向来秉持不直接违反《波茨坦协定》规定的谨慎态度,所以并没有做出建立统合性的中央政治机关的直接要求。但在美英建立双占区经济委员会后,苏方发现占领区内实际上并没有公开的对等机构存在,这势必将使苏占区在与西占区的政治对峙中处于下风。为此,苏方认为必须建立与西占区类似的机构,并随其升级而巩固加强,以确保日丹诺夫派精神下所要求的东西占领区对峙局面的政治基础。1947年5月美英出台《改组双占区经济机构协定》,苏方立即做出回应:1947年6月4日,索科洛夫斯基在莫斯科会后发布苏占区第138号令,宣布成立德国经济委员会(DWK)。德国经济委员会由德国五个中央机构——工业、运输、燃料能源、农业、商贸供给部的负责人组成,这些人员大多来自德国自由工会(FDGB)或农业互助会(VDGB)负责人,承担协调苏占区经济活动之责。[1] 为了体现对德国中央机构自治的支持,索科洛

---

① Norman M. Naimark, *The Russians in Germany*, p. 52.

夫斯基于7月16日命令苏军撤出德国城市与乡村，减少同德国人的接触。[①] 旨在避免苏军对占领区当地事务的干涉，以营造“德国自治”的气氛。与英美类似的是，苏方同样表示“DWK的所有活动均在苏方军政府（SVAG）监管下进行”，并为此在9月9日发布苏占区第0315号令，将德国经济委员会置于苏方盟管当局经济计划部之下进行监管。[②] 1948年年初双占区进行改组后，索科洛夫斯基又在1948年2月12日紧接出台第32号令，赋予德国经济委员会向苏占区全部德国机关下达指示及订立法规的权力。[③] 此外，还将其由合议体制改为主席领导制，专设秘书处作为执行机构。至此，DWK的权力范围遍及苏占区境内所有德国国家机关，并因苏占区经济的国有化而控制了各州国营企业管理总局，有“权利和义务”来保证其决策得以实施，成为了集中体制下的最高立法行政机构，实际上奠定了未来的东德国家雏形。至此，屡经拓展的西方双占区经济委员会体制与随之加强的苏占区德国经济委员会成为双方政治对峙的两大中心，并随着西方“西德政府”理念的提出而超越了ACC对德管制内部矛盾的范围，成为了ACC乃至未来德国政治分裂的两大载体。

三、ACC“非纳粹化”任务的停止与盟国“再教育”的末路

在经历了ACC中期“非纳粹化”工作的强化后，尤其是大量的

---

① Norman M. Naimark, *The Russians in Germany*, p. 95.

② Norman M. Naimark, *The Russians in Germany*, p. 53.

③ Norman M. Naimark, *The Russians in Germany*, p. 53.

战犯已经通过军事审判得到应有惩罚，主要纳粹分子已然在前期阶段或受惩处或已流亡之后，“非纳粹化”在德国很大程度上已经成为了对大量一般纳粹分子及广大德国民众的逐一甄别处置。盟管各方发现，这种繁重的大规模调查既不能有效地处理纷繁复杂的个体案件，也日益妨碍了各自的在德目标的实现。对于西占区方面而言，修正的工业水平计划限制以及“马歇尔计划”所带来的巨大经济援助都需要三大占领区开足马力进行高效地吸收和生产；《波茨坦协定》所规定的非纳粹化任务烦琐费时，挤占大量社会资源的同时却并不能推动西占区该阶段所推行的“经济统一”理念，反倒会使其强调的“德人自治”“西德政府”因对德方人员无休止地调查审理而无限拖延。相应的，对于苏方盟管当局而言，“政治统一”进程也需要其及早从日渐琐屑的非纳粹化程序中抽身：如果“非纳粹化”过程不尽早结束，也就说明德国公共机构中仍有重大纳粹分子存在，则日丹诺夫派所设想的政治盟友国家就无法获得合法性——一个仍具有法西斯色彩、包庇纳粹分子的东德自然不可能政治正确，也就无法成为苏联的盟友。在ACC内部关系岌岌可危的这一阶段，各方竭尽全力为各自占领区的分立添桥铺路，当然不能容忍紧要性已不比往日的“非纳粹化”成为这一进程的拦路虎。于是，ACC下各国盟管，尤其是在前阶段“非纳粹化”上持积极态度的美、英、苏三方对各自非纳粹工作的骤然叫停，便成为了该阶段ACC各方在非纳粹化“共同行动”方面的鲜明特征，同时也为ACC“非纳粹化”事业画上了终止符。

西占区的非纳粹化经历的是一个“由松至停”的过程。在经历了1946—1947年的经济危机后，美方决策层已经开始把德国经济的破败视为德国、欧洲乃至美国自身迫在眉睫的最大问题,清除那些在德国社会中已无多少影响可言的一般纳粹分子已经不再是其所重视的优先事项。基于这一视角,美方盟管当局把解除妨碍经济发展的部分非纳粹化条款作为了这方面的首要任务。1947 年秋,美国为此专门派出国会议员考察德国,结果得出结论认为目前的非纳粹化是失败的,已经影响了德国经济的恢复,并且明确建议终止非纳粹化工作,保证在 1948 年 5 月 8 日前结束除对主犯以外的德国人的一切非纳粹化程序。① 这一意见事后在 1947 年 8 月份美国商务部部长艾维纽尔·哈里曼(William Averell Harriman,1891 –1986)致总统的《哈里曼报告》中得到了总结:“必须早日结束非纳粹化,以解救那些在这个国家中最好的智囊人物,让他们返回到生产活动中去。”②在这一压力下,美方盟管当局派出调查小组调查非纳粹化的消极影响,发现美占区所属三个州 60 个公司企业近万人员中,4.4% 因非纳粹化停职,0.6% 的职位因非纳粹化空缺,非纳粹化成为了企业运行发展的最大障碍。③ 基于这一结果,美方盟管当局下令修改《解脱法》,赋予德国检察官权限重划第二等级纳粹罪犯为追随者,并从速处置,使得案件得以大幅减少。1947 年 11 月所遗留的 787000 项案件(其中 640000 件为“严重犯罪”)到 1948 年年初便减少到了 230000 件。④ 1948 年 3 月,ACC 解散前夕,美方又对《解脱法》进行了第二次修改,规定检察官可以减轻一切第二

① John Gimbel, *The American Occupation of Germany*, p. 171.

② Carolyn Woods Eisenberg, *Drawing the Line: The American Decision to Divide Germany*, 1944 – 1949, p. 373.

③ John Gimbel, *The American Occupation of Germany*, pp. 171 – 172.

④ Carolyn Woods Eisenberg, *Drawing the Line: The American Decision to Divide Germany*, 1944 – 1949, p. 373.

等级罪犯的处罚,即便对象属于党卫队这一类纳粹组织也不例外。美方对于“非纳粹化”力度的一再放松,实际上反而因德方的不适应而受到了抵制。德方检察人员在这一阶段往往发现:较小的“非纳粹化”案件因案情清楚而被先行审理完毕,而一些相对复杂的大案因需准备而耗费较长时间,可到真正要审理时又因“非纳粹化”放松而被搁置,实际上出现了轻罪易受追究,而重罪反倒逃脱审判的情况。这一问题使得德方对于是否按美方要求停止“非纳粹化”产生了犹疑。可是此时 ACC 破裂在即,希望结束“非纳粹化”,从而集中力量实现西占区“经济统一”的美方已迫不及待,甚至提出若德方继续推行“非纳粹化”,美国国会将会以其刻意妨碍经济恢复的罪名拒绝给予德国援助贷款的威胁。至此,德方不得不全面放松追查力度,刻意加快审理速度,以致美占区“非纳粹化”最终演变为一场“为从犯和追随者恢复名誉的活动”。① 依据双占区原则与美方采取一致行动的英方盟管当局也采取了类似的政策叫停“非纳粹化”运动。1948 年 1 月,英方甚至直接下令,禁止重新审理任何已审理过的案件,除非有明确证据可表明结论错误,否则不得改判。② 这就使过去逃过审判或隐藏起来的纳粹分子可以洗白身份重新做人。仔细分析看来,与上一阶段比较,同样在看到经济建设重要性的情况下,该阶段西占区会采取这种“由松至停”的方式,实际上体现了美英等西方国家在德国经济恢复和非纳粹化两个选项上的优先取舍问题。在 ACC 的上一阶段,经济困难导致了经济

---

① 卡尔·迪特利希·埃尔德曼:《德意志史》(第四卷下),第 179 页。

② Ian Turner, “Denazification in the British Zone,” in Ian D. Turner (ed.), *Reconstruction in Post-War Germany: British Occupation and the West Zones*, 1944 – 1945, Oxford, 1989, p. 262.

恢复建议的产生，而盟国的态度实际上是以非纳粹化为提供经济援助、实现恢复的前提，故而加强了非纳粹化的力度。但是随着非纳粹化目标的部分达成、“经济统一”方针的推行和 ACC 破裂在即的威胁，非纳粹化不得不为德国的经济恢复让路，也就只能采取不断弱化直至终止的手段以最大限度地减少对经济生产的伤害。

与美英“由松至停”的手段相对应的是苏占区“从严而止”的非纳粹化历程。该阶段，苏方盟管当局以种种途径强化非纳粹化工作：一方面，苏方发动反法西斯委员会代表直接进驻工会进行去纳粹化工作，将非纳粹化权限向基层发展；①另一方面，苏方于 1947 年 8 月 17 日下达苏占区第 201 号令，在宣告了苏占区清除法西斯分子、军国主义者和战犯方面的成就后，强调要进一步清除在德国行政与经济机关中的纳粹分子。② 这一法律实际上将苏占区已有的非纳粹化运动加以了扩大化，并直指反苏分子及统一社会党政敌。1948 年 1 月，德国统一社会党非纳粹化委员汉茨克尔就曾指出：“评价第 201 号命令是否成功的标准在于其在多大程度上于清除政治对手的斗争中被用作政治武器……统一社会党必须成为运用和完成第 201 号令的原动力和主要推动力。”③该法令政治意义所在也就不言自明了。在 201 号法令下，苏方进一步加强了 1947 年初创立的苏占区安全机关，赋予其清除纳粹分子的法律权限。1948 年 1 月 8 日，该机关经过改组，成立第二部专门处理违反 ACC

① Norman M. Naimark, *The Russians in Germany*, p. 67.

② Timothy. R. Vogt, *Denazification in Soviet-Occupied Germany*, Brandenburg, 1945 - 1948, Havard, 2000, p. 95.

③ Timothy. R. Vogt, *Denazification in Soviet-Occupied Germany*, Brandenburg, 1945 - 1948, Havard, 2000, p. 108.

命令的案件。[①] 至此,苏方盟管当局实际上进一步加大了自上阶段以来已然加强的非纳粹化力度,并在相关权力让渡上迈出了更大的步伐。无疑,苏方是希望通过第201号令等加强"非纳粹化"的手段来赢得人民对苏占区"非纳粹化"事业的支持和肯定,同时巩固自身及德国统一社会党在德政治地位的。但ACC破裂后的"政治统一"任务在即,必须先行保证苏占区的德国政权摆脱"纳粹"嫌疑;1948年2月26日,苏方盟管当局发布第35号令,宣布解散负责执行"非纳粹化"的苏占区非纳粹化委员会,宣告苏方盟管当局"非纳粹化"事业结束。"从严而止"的"非纳粹化"政策实际上是该阶段苏方盟管当局不得已的选择,一方面是"政治统一"方针的需要,另一方面也是因为苏方自上一阶段起利用"非纳粹化"名义打击反动分子所引起的社会反弹。同时,突然放弃对"非纳粹化"的一贯重视,本身与放弃赔偿要求的优先性一样,也是苏方在ACC内将斗争对象从德国转移至西方阵营国家的体现。

值得提出的是,虽然ACC盟国占领区方面的"非纳粹化"进程看似就此结束了,但对于德国自身而言,"非纳粹化"并未停止。盟国的"终止"其实更多是将"非纳粹化"运动转手给了德国方面操作,进行自我监督和清洗。就这一点而言,四国的立场其实是一致的,英美均在司法调查和追究中大量启用德国的检察人员,苏联更是早早开始向德国机构让渡非纳粹化权力,即使是认为一切德国成年人均是纳粹的法方,也把在监督条件下利用和控制德国人员进行"非纳粹化"调查视为有效之举。因此,ACC"非纳粹化"的完结其实是德国自我"非纳粹化"的真正开始,并且仍然受着各盟国

---

① Norman M. Naimark, *The Russians in Germany*, p. 361.

学教育改革提供建议，主张通才教育，扩大高等教育普及范围，改革大学监督管理和学生集体生活，打破以往德国高等教育实行精英体制，大学彼此隔离，学科狭窄精深，学员闭门造车的弊端，是西德高教改革的思想源头所在。就这一点看来，英方实际上通过非强制手段在德国教育中引入了大量英式自由主义的因素。

相对而言，法占区由于着力于对青少年的灌输教育以及对教育物质条件的满足，因此实际上在上一阶段及该时期都未进行普遍的学制变动，也就无法严格贯彻 ACC 决议行事。其所作的教育改革主要立足于引进法式教育流程，方便法方机构推进亲法教育之上。为此，法方盟管当局建立起了与法国相近的"中央考试制度"，废除教会学校并推进普通中学向高级中学转变等措施，①实际上是在教育计划上向法国教育体系靠拢，以保证可以在法方相对熟悉的教育流程中继续贯彻亲法方针。

对于苏方盟管当局来说，ACC 的第 54 号规章从内容上可以说仅是事后认定而已。由于 1946 年 4 月颁布的《德国教育民主化》法令，苏占区教育改革的完成程度名义上已超越了 ACC 的规定。其开放高等教育和培养"新教师"的速度也远远超过了其他三个占领区。但对于苏方而言，最大的问题依然在于如何让这一套教育体系（尤其是高等教育）处在苏联及其盟友统一社会党掌握之中，并使之为其服务。为此，苏方盟管当局甚至在质疑统一社会党处理大学工作不力的情况下，主张直接将苏方官员派驻至德国大学以加强控制。随着苏方对教育控制力度的加强，苏占区大学等机构的政治气氛也日益浓厚。1947 年后，苏占区大学课程的开设目

① 张沛：《凤凰涅槃——德国西占区民主化改造研究》，第 216 页。

的开始转向培养党政干部或进行干部再培训;1947 年 12 月起,苏方直接在大学中建立党政科研院以推广马列主义。① 相对于西占区推行教育改革时以文化交流为重,旨在建立教育纽带的特性,苏方该阶段的教育改革则更类似于对上一阶段加强教育控制方针的继承发展,已然超越了教育层面,具有更浓厚的政治意味。

随着对德宣传任务的基本完成以及 1946 年下半年各占领区间宣传战的初步爆发,ACC 的对德宣传工作实际上已经突破了“再教育”的意义,转而成为了盟管各方鼓动意识形态及利益斗争的舞台。在这一时期,西占区各盟管当局相继将报刊广播的审批权移交给州政府,赋予德国人创立新报纸电台的自由权,甚至可以与盟国机关控制的媒体直接竞争,希望建立一种植根于联邦体制的非集中化新闻自由制度,西占区盟管机关仅持监督权和分配发行量的权力。但在“自由”外衣之下,西占区也采取了具有倾向性的宣传手段。在 1947 年后,ACC 矛盾加深且国际形势也日益紧张,处于“冷战”前沿的西占区媒体成了西方攻击苏联、反对共产主义的重要武器,西占区各方开始相继压制左翼报纸、电台等媒体。作为“再教育”首倡者的英方,甚至在事后取消了“再教育”这一任务,声称“一个就要武装成为反对共产主义堡垒的西德,几乎不需要再教育了”。② 在化“再教育”为“反苏反共”的同时,西占区开始加强社会宣传方面的交流力度,并使其向“双向交流”发展。美方就依照

---

① Norman M. Naimark, *The Russians in Germany*, p. 477.

② David Welch, “Priming the Pump of German Democracy: British ‘Re-education’ Policy in Germany after the Second World War”, in Ian D. Turner (ed.), *Reconstruction in Post-war Germany: British Occupation and the West Zones*, 1944 – 1945, Oxford, 1989, p. 234

一开始便充满了互相攻讦的火药味。这一争端首先出现在赔款问题的争论上:为了贯彻斯大林“经济赔偿为政治统一让路”的政策转向,苏联方面首次在四国外长会议上公布了苏方所统计的苏德战争损失,并要求将德国的经济赔偿时间延长。① 但在这一让步的前提下,苏联所报出的损失额高出原先提出的赔偿数额数倍,且莫洛托夫坚称已获得的德国产品设备只是赔偿的一部分,不能就此结束赔偿。因此苏联提出的这一“解决经济赔偿”的方案,实际上是建立在保证赔偿继续支付且扩大其数额的前提之下的。苏联此举引起了美英方面的强烈反应,英国外交大臣贝文(Ernest Bevin,1881 - 1951)不但拒绝苏方在占领区经济赤字情况下仍征收赔偿的企图,还要求苏方归还其所转移的德国物资、解散苏联控股的股份公司来弥补其对占领区所造成的财政危机。美国代表国务卿乔治·马歇尔(George Catlett Marshall,1880 - 1959)将军也表示不能接受提高赔偿数额的举动。为此,莫洛托夫宣称:“在未来德国政治结构问题上的谅解将是在赔偿问题上的谅解。”②此言暗示美英若不满足苏联赔偿要求,就不会在德国政治经济结构的一体化问题上与其达成妥协。在紧张的会议气氛下,马歇尔在 4 月 15 日与斯大林进行了会晤,并称:“如果德国保持混乱分裂状态将多么危

---

① 冯琪:《苏联对德国的政策与德国的分裂(1945—1955)》,硕士学位论文,中国社会科学院,2005 年,第 18 页。

② Wilfried Loth, *Stalin's Unwanted Child, the Soviet Union, the German question and the founding of the GDR*, p. 62.

险。”①马歇尔希望斯大林能够放弃赔偿转而配合美英的主张。但斯大林回应称:“美国和英国准备放弃赔偿,但是苏联不能这样做。”②奇怪的是,事实上早在莫斯科会议之前,斯大林就曾经做出提议放松赔偿政策;因此苏联在莫斯科会议上对赔偿要求的坚持及扩大实际上是一种表态和试探:一方面昭示苏联立场不会被美政策转变动摇;另一方面则要试探转而集中力量恢复德国经济的美英方面在“经济统一”方针上的决心与力度。毫无疑问,之后的结果是苏联所不希望看到的——美英在ACC体制外恢复德国经济的决心已然超越了与苏联在ACC内寻求一致的需要。

莫斯科会议的另一项重头戏在于德国统一的“路线之争”。之前,苏美双方已通过莫洛托夫在巴黎会议上的讲话及贝尔纳斯的《斯图加特宣言》提出了各自“政治统一”“经济统一”路线的思想雏形,但本身并未在四国会议的舞台上进行过面对面的争论。在莫斯科会议上,苏美双方就两项路线孰先孰后展开了针锋相对的讨论。莫洛托夫在3月17日的发言中指出:建立德国的中央行政机构是“实现德国经济统一的第一步……德国应成为一个统一的爱好和平的国家——设有两院组成德国国会和全德政府的民主共

---

① Scott D. Parish, Mikhail M. Narinsky, *New Evidence on the Soviet Rejection of the Marshall Plan*, 1947, *Working Paper No.* 9, published by Woodrow Wilson International Center for Scholars, 1994, http://stage-wilson. p2technology. com/sites/default/files/ACFB73. pdf.

② Scott D. Parish, Mikhail M. Narinsky, *New Evidence on the Soviet Rejection of the Marshall Plan*, 1947, *Working Paper No.* 9, published by Woodrow Wilson International Center for Scholars, 1994, http://stage-wilson. p2technology. com/sites/default/files/ACFB73. pdf.

和国”,[①]建议先行在柏林成立德国临时中央政府以实现政治统一。3 月 22 日,在讨论德国未来宪法问题时,莫洛托夫再次强调:在经济统一前必须确保政治统一,并以此谴责美英意图通过双占区分裂德国。[②] 马歇尔则反击称德国应坚持地方分权原则,实行联邦制,强调经济统一是成立德国政府的基础,称“不会跟着莫洛托夫从波茨坦退到雅尔塔”,[③]并获得了英国的支持。在苏联与美英就此纠缠不休之时,法国提出了第三方建议,提议由德国 17 个州的代表组成特别委员会来领导德国中央机构,依照少数服从多数原则进行决策。[④] 这一建议近于美英所持的联邦制原则,获得了贝文的肯定,英国甚至表示愿意承认萨尔区不属于德国中央机构管辖来支持法国模式,但苏联对此坚决反对。至此,有关 ACC 下德国未来统一问题的争论再次无果而终。4 月 24 日,莫斯科会议结束,ACC 依旧没有得到有关德国未来统一计划的一致答复。

莫斯科会议是 ACC 内部合作关系的转折点,在这次会议上,苏联的经济赔偿要求首次受到了美英方面直截了当的强硬抵制,促使苏联进一步降低经济赔偿的决策优先性;同时,苏联的“政治统一”路线与西方的“经济统一”路线展开了首次面对面的争论,而法国“分裂德国”的一贯立场则发生了鲜明的转变,开始倾向美英的“联邦制”“经济统一”主张。在与德国统一相关的问题上,ACC 初期以三国与法矛盾为主,及 ACC 中期美英对苏、对法矛盾并存的局

① Wilfried Loth, *Stalin's Unwanted Child, the Soviet Union, the German question and the founding of the GDR*, p. 58.

② Norman M. Naimark, *The Russians in Germany*, 2001, p. 302.

③ John Gimbel, *The American Occupation of Germany*, p. 175.

④ 冯琪:《苏联对德国的政策与德国的分裂(1945—1955)》,硕士学位论文,中国社会科学院,2005 年,第 21 页。

面,至此转变成了以西方三国与苏联矛盾为主的新态势。四国至此都默认了德国未来应成为一个新的统一国家,但有关实现这一目标的路线争论则空前激烈,ACC合作关系亦从此日趋恶化。

莫斯科会议后,苏联与西方在对德合作关系上愈加敌对。在会议结束后仅数日,即4月28日,马歇尔便公开斥责苏联为破坏德国经济的祸首,[①]指责莫斯科会议未能达成一致的原因在于苏联欲在德国进行集权统治。[②] 克莱也认为,由于这一时期苏联在欧洲具有扩张优势,因此并不愿意在莫斯科会议上解决问题。[③] 在莫斯科会议之后,ACC内合作关系出现了明显的消极趋势:政策落实进展缓慢,即便是已获外长委员会批准的明确指令,也已不能就统一政策达成一致,外长会议的调解作用也不再有效;[④]ACC的例行会议也日渐废弛,苏方人员参加得越来越少,且即便出席也在会议上争议不断,难以推行ACC的统治机能。[⑤] 1947年6月27日至7月3日,随着"冷战"紧张气氛日益严重,莫洛托夫一再就美占区拒不支付苏联赔款,不接受苏联参与鲁尔共管做出谴责,使得ACC内部氛围日渐紧张。[⑥] 这种紧张气氛一度冲破了政治层面,上升到军事威胁高度,以致柏林驻军问题成为了ACC的焦点议题,美苏双方甚至下令互相以战机飞临柏林示威,并因此再度引发了ACC内的一系列抗议举动。[⑦] 与此同时,为了抑制苏联在莫斯科会议上提出的赔

---

① John Gimbel, *The American Occupation of Germany*, p. 166.
② Lucius D. Clay, *Decision in Germany*, p. 153.
③ Lucius D. Clay, *Decision in Germany*, p. 153.
④ Lucius D. Clay, *Decision in Germany*, p. 161.
⑤ Lucius D. Clay, *Decision in Germany*, p. 159.
⑥ Norman M. Naimark, *The Russians in Germany*, p. 302.
⑦ Lucius D. Clay, *Decision in Germany*, p. 159.

偿要求，美英削减了占区内作为赔偿的工厂数，表示除非苏方接受“经济统一”方针，否则将不能再获得赔偿。1947 年 8 月，双占区修改拆卸计划，完全停止了对苏拆卸赔偿，使得苏联与西方的矛盾再度激化。1947 年 11 月 21 日，亦即伦敦四国外长委员会第五次会议前夕，索科洛夫斯基在 ACC 例行会议上为表不满将文本掷地离会。这一激烈“掷书”事件说明 ACC 内部已无合作气氛可言，任何旨在缓和各方关系的举动已毫无意义，同时也说明四国外长委员会的权威性也已不为 ACC 内各方所尊重。① 在此之后，基于“四国一致”原则的 ACC 已经没有发挥实际作用的可能，克莱甚至认为：“当我们离开柏林前去伦敦参会时，我们就都清楚管制委员会已然死亡了。”②

在这样的情况下，1947 年 11 月 25 日召开的伦敦四国外长委员会第五次会议就成为了挽救 ACC 的最后一根稻草。在此次会议上，双占区建设已卓有成效的美英处于相对优势的地位，提出“德国政治组织的任何决定，都以先实现德国经济统一为条件”。③ 马歇尔更针对苏方观点表示：“很明显的是，除非德国的分裂创伤得以治愈且产生了政治经济统一的条件，否则任何中央政权都只是虚空而非真实。”④苏联则继续要求迅速建立德国的中央行政机构，首先实现“政治统一”。由于双方在“经济统一”“政治统一”的原则之争上互不示弱，以致气氛始终紧张，马歇尔甚至向其副手坦言

① Lucius D. Clay, *Decision in Germany*, p. 161.

② Lucius D. Clay, *Decision in Germany*, p. 162.

③ 马加里特·卡利利编：《国际事务文件(1947—1848)》，北京：商务印书馆，1948 年，第 511 页。

④ Avi Shlaim, The Partition of Germany and the origins of the Cold War, *Review of International Studies* Vol. 11(1985), p. 133.

对会议的前程“几乎绝望了”;莫洛托夫也在贝文“你们要什么”的诘问下近乎悲痛地表示:“我要一个统一的德国。”[①]为此,苏联方面首次明确在赔偿问题上做出让步,承认经济赔偿问题的解决不是建立德国经济统一的先决条件。与此同时,苏联还在苏占区发起“人民国会运动”(People's Congress Movement),[②]并在 1947 年与 1948 年之交的冬季鼓动西占区罢工,[③]以求从外部影响伦敦外长会议推进政治统一。但苏联多管齐下的举动,并未获得西方的响应,反而引起了美英的疑虑,认为苏联是想借迅速统一德国移植苏联模式,从而达到控制全德的目的,因此并未打破僵局。由于分歧无法弥补,12 月 15 日马歇尔宣布无限期休会,实际上结束了伦敦会议,也为二战后四国外长委员会的会议进程画上了终止符。可以说,伦敦四国外长委员会第五次会议的失败标志着四国对德合作管制的破裂。如克莱等人早在之前便预告了四国在德关系的必然破裂,甚至美英盟管当局中不少意见都期盼该会议失败以及早建立西德政府。因而这一会议更多是出于同盟精神和外交礼仪而进行的,总体而言只是对莫斯科会议所暴露出来的美苏德国统一路线之争的重复——马歇尔就此评论称:“这场会议上并没有真正获得什么或损失什么,只是问题的划分与隔阂更为清晰了而已。”[④]既然双方都没有,同时也不可能再开出足以使对方转变态度的价码,ACC 的恶化趋势也就无从扭转——克莱对此评论道:“我

---

① 沃捷特克·马斯特尼:《斯大林时期的“冷战”与苏联的安全观》,郭懋安译,桂林:广西师范大学出版社,2002 年,第 41 页。

② Norman M. Naimark, *The Russians in Germany*, p. 57.

③ Norman M. Naimark, *The Russians in Germany*, p. 306.

④ Avi Shlaim, "The Partition of Germany and the origins of the Cold War", *Review of International Studies* Vol. (1985), p. 133.

们每一位出席了伦敦会议的人都认识到，随着会议中止，我们如今已陷入一场非武力的经济资源、意识形态竞争之中。”①

会议的破裂导致了连锁效应。会议中止仅两天后，美、英政府达成协议，由美国单独承担双占区经费，并依此提升美国在双占区双边委员会中的地位。这就使 ACC“全盘占领”方针下四占领国地位平等的默认条件被打破，美国实际上成了双占区的主要决策方，②ACC 的四国结构也由此被实际解体，日益显示出美、苏两大阵营对峙的鲜明特点。会议的破裂还导致了 ACC 内部摩擦的进一步升温，苏联与美、英、法就战犯遣返、双占区行政、非军事化、各自所支持党派的承认以及柏林归属等旧有的问题展开了白热化的相互指责。如果说伦敦四国会议前 ACC 就已体现出合作关系“死亡”的预兆的话，此时的 ACC 实际上已经变成了苏联盟管当局与美、英、法方进行宣传斗争的舞台。与 ACC 中期阶段有节制的宣传战不同的是，盟管各方已经不再由其德国媒体代理人出面，转而直接参与并主导宣传工作，而此时合作关系已然破裂的 ACC 已经无法再对这如火如荼的宣传战做出任何哪怕名义上的限制了。

美、英在与苏联的在德合作趋于决裂的同时，与法国的合作热情却日益升温。由于法国日渐显露出的倾向美英的态度，逐渐成为了美英积极争取的对象，法方盟管当局也曾在双占区成立后与之多次探讨三占区进程事宜。如前所述，1947 年 8 月美、英、法三方曾就修改 1946 年 3 月 26 日的德国工业水平计划在伦敦展开三方内部会谈，但这一会议的议题很快就超出了修改工业水平计划

① Lucius D. Clay, *Decision in Germany*, p. 348.

② Lucius D. Clay, *Decision in Germany*, p. 178.

的内容,转向美、英、法占区的合并上来。此时法国主要的担忧,在于美英是否承认萨尔地位,以及法国所需的煤铁资源要求能否得到满足。1947 年 9 月,三国达成协议,以鲁尔煤矿资源取代萨尔煤在德国经济中的地位,[①]实际上也就为法国经济同化萨尔提供了可能,这使法国感到满意,从而为其转变态度奠定了基础。之后,三国伦敦会议因尚未解决法国的煤铁需求问题而被拖入 12 月三方的柏林会议。[②] 同时期苏联在伦敦四国外长会议上不遗余力促成德国"政治统一"之举,给美英及法国都造成了极大的刺激。四国伦敦会议召开后,马歇尔、克莱与贝文等人会晤,克莱提出在双占区推行政治一体化的同时,不退出 ACC,也不理会苏联压力,向法国示好但不强迫的策略。[③] 克莱安抚法国以促进三国合作的建议获得了美英高层的采纳,法国也表示愿意有条件地讨论三占区事宜,从而为三占区发展垫下了政策上的铺路石。12 月 4 日,美国在允诺给予法国 2.5 亿美元贷款援助的同时,与英国一同支持萨尔议会通过宪法,将萨尔地区经济并入法国。与此同时,法国在经历了四国外长会议的崩溃之后,也意识到法占区不可能单独在美苏两条路线之争中找到另一条出路,必须做出最后的抉择。但是法国的最终表态以一种令人难以理解的曲线形式引发出来的:1948年1 月24 日,法国政府突然向 ACC 提交强烈抗议,称双占区行政建设将有损德国未来构架。[④] 美英在实行这一方案前早已知会法国,因此这一突然发难让其十分吃惊。但依照双占区此时的实际负责

① Lucius D. Clay, *Decision in Germany*, p. 194.
② John Gimbel, *The American Occupation of Germany*, p. 178.
③ Lucius D. Clay, *Decision in Germany*, p. 176.
④ Lucius D. Clay, *Decision in Germany*, p. 178.

人克莱判断，这只是法国惯用的一种外交伎俩，旨在于国际会议之前先行采取高姿态以获取舆论支持，①并不能说明法国已经放弃靠近美英、融入双占区的倾向。果不其然，三占区事宜在1948年2月立即获得了转机。

1948年2月23日，美、英、法三国外长在伦敦举行会议。在当日会议上，法国同意将其占领区并入双占区，共同建立“三占区”（Trizone），同时规定：“双占区与法占区应全部参加欧洲复兴计划，并以适当方式派代表参加常设组织。”②这一过程出人意料的顺利，这次会议也得以在推行“欧洲复兴计划”的名义下迅速扩展为欧洲六国外长会议，荷兰、比利时、卢森堡三国也派遣外交部长与会。这一转变实际上将ACC内部主要矛盾转移公开化，并开始了废止ACC的流程：原先屡屡在ACC会议中被弃之一边的法国转而成为了美英在对德问题上的商议伙伴，而作为四大国之一长期在此类国际会议中占据重要地位的苏联反被刻意疏远；此外，德国问题也在西方操作下突破了ACC的管辖限制，成为了“欧洲复兴计划”的重要一环，从要求苏联配合解决变为吸收欧洲其他国家共同处理。就此而言，西方国家不但不再将苏联视为管制德国的合作伙伴，还随之放弃了ACC这一平台，转而从西欧资本主义阵营寻求盟友，将德国问题提升到全欧高度予以处理，从而使二战时期一系列会议条约所确定下来的ACC四国管制德国政策化为了废纸。至此“四国一致”原则，连同ACC本身，已然被美、英、法三方所舍弃了。

“三占区”的最终确立，宣告了ACC内部合作关系的彻底破

---

① Lucius D. Clay, *Decision in Germany*, p. 180.

② 卡尔·迪特利希·埃尔德曼：《德意志史》（第四卷下），第297页。

裂,苏联与美、英、法三国的伙伴关系已经完全失去了存在的依托,四国管制也被东西占区的对峙所取代。克莱曾抱怨称“四年来最终却发现只能接受苏联统治德国的欲望,只能通过合并占领区来对抗”,①“法国人用早先的否决拯救了我们……我们不可能在(ACC)这样一个组织里对付苏联人”。② 对于西方三国而言,苏联作为 ACC 成员依照“四国一致”原则所拥有的否决权无疑是这个阶段要面临的最大难题,为此不得不摆脱 ACC,乃至抛弃波茨坦会议后建立起来的整个战后在德体系以解决之。但要看到的是,这本身也意味着“反苏反共”的意识形态在这一阶段的甚嚣尘上:同样在 ACC 内长期持否决态度的法国,在这一时期却获得了美、英方面极大的宽容和援助,这绝不是法国向美、英靠近的倾向所能解释的——且这一倾向本身便是美、英凭借“欧洲复兴计划”援助等方式培养诱导而出的。当然,ACC 因“四国一致”与“独立行事”原则的内在矛盾所限制,难免有朝一日会陷于崩溃;但其合作关系之所以在这一阶段分崩离析,却与美苏意识形态之争不可分割。在双占区决策中已经处于弱势的英国本身无力左右德国前途,只要能在德国发挥其外交影响即可,因此乐得与美国保持一致,以免苏联通过“政治统一”将德国化为共产主义的欧洲堡垒;而法国虽然利用“独立行事”原则在以往的 ACC 管制中采取超然地位,不唯美、苏两大国是从,但此时在美国压力与苏联威胁迫在眉睫的情况下,不得不做出抉择——且无论它做出何种选择,都不可能改变 ACC 四国管制理念的破灭命运,也不能扭转法国在这场在德斗争中化

① Lucius D. Clay, *Decision in Germany*, p. 1.

② Lucius D. Clay, *Decision in Germany*, p. 13.

为从属地位的趋势。因此,这一阶段ACC中美、苏两大阵营意识形态对峙引起的矛盾,要比四国管制下"独立行事"的相对独立因素引起的分歧浓厚得多。在这样的氛围下,本身不具备强制力的ACC根本无力避免因大国另寻在德出路改变决策而引发危机,莫斯科会议、伦敦会议的徒然失败便是力证。既然四大国本身已无法在高于ACC的国际外交局面上求得一致,作为国际合作组织而存在的ACC也就难逃瘫痪命运了。

第五章 盟国对德管制委员会的终结

1948年年初，盟国对德管制委员会内部已处于合作关系彻底破裂的境地。随着伦敦四国外长委员会会议的无果而终，在国际外交层面解决四国矛盾的尝试也宣告失败。2月13日、3月6日，苏方盟管当局在ACC会议上进行了一系列的严正抗议，但只有法方回应称将酌情知会国内，美英方面均表示无可附议，完全置苏方反对于不顾。[①] 至此，实际上ACC连作为宣泄对立情绪平台的作用都已丧失了，对峙的东西双方已全然不理睬对方的攻讦抗辩。ACC在1948年初的首要任务，同时也是其最后一项重要工作，本是为原定将在莫斯科举行的四国外长委员会第六次会议筹备对德管制工作报告。[②] 但由于伦敦会议的破裂，四国外长莫斯科会议实际上已经不可能实现，加之ACC内各方已彼此互不理睬，因此这份工作报告成了一纸阐述歧见的声明，在书面上宣告了四方盟管当局彼此分道扬镳的态度。ACC的管制工作就此陷入了尴尬境地，苏方的强烈抗议与西方盟管当局安之若素的无视态度注定ACC已

---

① John Gimbel, *The American Occupation of Germany*, p. 204.

② 迈克尔·鲍尔弗、约翰·梅尔：《四国对德国和奥地利的管制1945—1946年》，第234页。

岌岌可危。

在 ACC 日渐衰微的同时,美、英、法三国政府开始抛开四国管制理念具体筹划西占区的未来。2 月 23 日召开的伦敦美、英、法三国外长会议升格为欧洲六国外长会议后,西方“三占区”理念逐渐被“西德”政府的提法所取代。为了填补解散盟国对德管制委员会后将留下的管制空白,会议计划成立排除苏联的盟国军事委员会代替之,以间接的监督干涉手段介入未来西占区德国政府的管理改造事宜。苏联对于西方国家回避苏方以秘密会议单独商讨德国未来之举极为反感,更对美、英、法抛弃 ACC 另立管制机构的企图担忧有加,为此指示苏方盟管当局在 ACC 会议上试探了解其他三方的意图。在极为紧张的内外局势下,ACC 在 3 月份呈现出了空前严峻的氛围。1948 年 3 月初,克莱在对美国参谋长联席会议的特殊报告中忧心忡忡地提醒道:“我本能地感受到柏林的苏联人已显著地改变了态度,将要发生什么了。”①他的担心仅仅数日后就得到了应验。

1948 年 3 月 20 日 ACC 例行会议上,担任会议主席的苏方盟国对德管制委员会代表索科洛夫斯基质问西方盟管当局,要求了解伦敦六国外长会议全部协议的具体内容,遭到西方盟管当局当场拒绝。索科洛夫斯基当即谴责西方蓄意破坏四国管制工作,宣布苏方退出盟国对德管制委员会,并断然离会。苏方盟管当局此举造成了极大的后果:首先,作为四国之一的苏联退出 ACC,本身就代表着 ACC“四国一致”理念的破灭;其次,统筹管制工作的 ACC 例行会议是由该次会议轮值主席制定下次会议时间、地点的,任主

① Lucius D. Clay, *Decision in Germany*, p. 354.

席的苏方代表猝然离场使得 ACC 下月的例行会议实际上也难以召开。至此,ACC 的整套行政系统丧失其核心,陷入完全瘫痪,名存实亡。

3 月 20 日的退会事件后,各方都曾试图重启 ACC。在 4 月份,法方盟管当局曾多次呼吁重开,但各方均不愿意出面组织。[①] 1948 年 4 月 10 日,按照惯例应担任当月 ACC 轮值主席的美方代表克莱试图召集会议,但因未得到响应而失败。有关恢复 ACC 与否的争论甚至一直迁延到一年以后:1949 年 5 月 23 日,苏、美、英、法四国在巴黎召开部长会议再行讨论德国统一问题,会议上苏联外长安德烈·维辛斯基(Andrei Vishinsky,1883 - 1954)就提议恢复此时已瘫痪一年有余的盟国对德管制委员会,[②]但遭到美国国务卿艾奇逊(Dean Gooderham Acheson ,1893 - 1971)断然拒绝:“这个建议就像要求一个已经恢复了四分之三的瘫痪病人重新全部瘫痪似的。”[③] 至此,盟国对德管制委员会的重建希望才完全破灭。

在此可以发现一个很奇怪的现象,西方与苏联都曾试图让 ACC 重新运作,但也都无一例外地受到对方断然反对。除却意识形态上的既有矛盾来看,这一表面矛盾荒谬的现象有着现实的考虑。此时,苏占区与西占区都已建立起截然不同且难以撼动的社会制度,重建 ACC 并不能再加强其对各自占区的实际控制,或对其他占区的影响——事实证明连 ACC 自身最终都没能做到这一点。

---

① Lucius D. Clay, *Decision in Germany*, p. 355.

② 安·安·葛罗米柯,鲍·尼·波诺马廖夫主编:《苏联对外政策史(下卷)1945—1980》,第 85 页。

③ Acheson, Dean, *Present at the Creation: My Years in the State Department*, New York: Norton, 1969, p. 297.

各国之所以会先后提出重建 ACC,目标是为了争夺 ACC 的遗产——成为 ACC 所承担的德国主权的法理继承者。基于“全盘占领”理念建立的 ACC 作为二战时期一系列重要国际会议的产物,在德国主权问题上享有着无可取代的正当性,这也正是 ACC 虽行将就木却没有任何一方敢于直接公开宣布取消 ACC 的原因——一旦 ACC 被宣布终结,就意味着占领状态的结束和德国主权的恢复,各占领方也就失去了继续对德国占区施加影响的法理依据。虽然 ACC 本身因无力协调四国矛盾而陷入瘫痪,但其作为德国最高主权当局的地位并不会因四大盟国各自间的分歧而受到质疑。换而言之,谁先行支持 ACC,谁就掌握了处理德国问题的主动地位,在未来可能的统一德国中享有作为二战胜利者、德国改造主导者、ACC 复兴者的更大发言权。因此,表现出这一态度比 ACC 的真正重建更为重要。而其他占领方基于同样的考虑,也绝不会任由 ACC 在某一方的主导下实现恢复并因此获取在德国问题上的优势,这正是各国在这一问题既提出相似诉求却又彼此反对的原因所在。

在 ACC 的完全瘫痪成为既成事实、重建希望渺茫的背景下,各方不得不考虑成立替代者。西方在伦敦三国会议后,于6月7日签署了决定西占区未来的《伦敦议定书》。6月9日,美英两国政府批准该协议。6月16日,法国国民议会以微弱多数通过该协议。1948年12月17日,西占区依托该协议成立了取代 ACC 的统治形式:盟国军事委员会监督下的西占区德国政府。[①] 1949年4月8日,美、英、法联合发表《华盛顿宣言》,通过针对未来西德政府的

① Lucius D. Clay, *Decision in Germany*, p. 340.

《占领法规》:在西德正式建立后取消军政府统治,以文职高级专员代替原三国军事长官,组织建立盟国驻西德最高机构,以“盟国高级专员委员会”形式主管德国外交及安全事务,并继承 ACC 对于德方政府的行动否决权。至此,西占区的 ACC 组织形式被盟国高级专员委员会取代。

随后,针对西占区放弃 ACC 盟管行事之举,苏占区的 ACC 盟管当局也开始转变。苏占区统一社会党领袖皮克(Wilhelm Pieck,1876 - 1960)等人亦向苏方盟管当局保证,未来的东德政府机构不干涉苏联依据四国协议与《波茨坦协定》所享有的权利。在此基础上,1949 年 10 月 10 日,苏联盟管当局解散,由 1949 年 3 月 29 日已接替索科洛夫斯基为苏联驻德最高长官的瓦西里·伊万诺维奇·崔可夫(Vasily Ivanovich Chuikov,1900 - 1982)建立苏联高级参谋委员会,代替 ACC 职能。①

纵然 ACC 组织上陷入瘫痪,职能上被各占区新成立的管制机构所取代,但是并无一纸文件能宣告其存在终止。如上所述,由各国组成的欧洲咨询委员会通过一系列国际会议规划,依照“全盘占领”理念成立,根据“四国一致”原则行事的 ACC 是国际合作的产物,承担着对整个德国的战后重建改造、缔结和约、为第二次世界大战彻底落幕做最终筹备的诸多重大国际任务。它虽仅涉及德国一地,却并非单一国家或阵营就能宣布解散的地区性机构,其存在超出一国主权所能做出决断的范围。换而言之,“解铃还须系铃人”,除非四大盟国再次实现对德问题合作,在德国统一的基础上完成 ACC 所负担的所有国际任务,否则任何一方都不可能单方面

① Norman M. Naimark, *The Russians in Germany*, p. 60.

解除 ACC 存在的合法性。西占区与苏占区通过继承当地 ACC 组织所获得的权力，实际上仍是基于 ACC“独立行事”原则的占区自主权，并不能僭越 ACC 的对德国际任务，也就无法染指 ACC 实现这一责任的主要工具——统一德国的合法主权。因此，盟国对德管制委员会作为一个仅出现在书面档案上的名号，一直延续到了 20 世纪 90 年代初两德合并的潮流中。

国际上，经过数十年的政局变化，东西两德都已通过不同的途径和立场在各自阵营内完成了对纳粹因素的荡涤和对战争的反省。当然，由于“冷战”对立的因素以及东西两大阵营间对于“非纳粹化”等问题认识的不同，两德长期互相攻击称对方仍受“纳粹余毒”影响，改造不够“彻底”。但从各自的具体历史环境来看，双方都已经在各自阵营中得到了相应的改造与谅解，实际上已被各自阵营承认为全新国家，与侵略历史一刀两断。此时，对于德国最有效也是最终的改造手段，无疑就是重新实现德国的统一，使两德对纳粹与战争历史的认识与反思达成一致，结束自 ACC 瘫痪以后不正常的占领状态。至此，德国统一的呼声在国内、国际上愈演愈烈。1990 年 9 月 12 日，苏、美、英、法及东西德六国外长在莫斯科召开了最后一轮“2 + 4”会议，签署了《关于最终解决德国问题的条约》（亦即两德《统一条约》）。因 ACC 瘫痪而拖延至此的二战对德和约及两德合并问题在这一条约中得到了最终解决，条约规定：保证四国从 1990 年 10 月 3 日起停止在德权力，德国获得完整主权。1990 年 10 月 1 日，苏、美、英、法及两德外长在纽约欧洲安全委员会外长会议上签署正式宣言，宣布从 10 月 3 日起停止苏、美、英、法四国在柏林和德国行使的权力。10 月 2 日，驻柏林的美、英、法三国驻军司令部举行最后一次会议，三国军事长官签署文件宣告结束对柏林的占领使命。10 月 3 日，两德实现正式统一。

对德合约的签订、两德统一标志着 ACC 历史任务的完成。数十年后，四大盟国再次通过国际合作完成了 ACC 在其活动时期未能实现的目的。ACC 存在的合法性至此结束，在人类历史上寿终正寝。伴随着盟国对德管制委员会的谢幕，第二次世界大战与德国统一的大幕也就此落下，德国、欧洲乃至全世界的历史由此迈过了一个固滞已久的节点。

结 语

纵观盟国对德管制委员会的整个历史，其决策成型与存在跨越了二战末期、盟国战后合作期乃至近乎整个“冷战”时代，在结束二战、保证德国主权完整、推行对德改造事业上的象征意义也是不容忽视的。作为一个超国家的国际合作组织，它是人类历史上第一次试图通过多国合作来实现对一个首要战败国的全盘重建改造。就这一点来说，ACC 本身的存在意义要比其结局境遇突出得多，不能因其瘫痪的结果就抹杀它在世界历史上的开创地位。它作为联合国家平等合作以拯救战后危局、推进正义事业的煌煌功绩，足以震古烁今，供后世瞻仰借鉴。

ACC 是“主权”与“治权”分离尝试的失败者。它在“四国一致”原则基础上获得了四大战胜国转交的德国最高权力——合法主权，但又为现实管理考虑允许了四方“独立行事”的额外存在。这种“主权”与“治权”并列存在、互不相涉的分离尝试，导致了德国作为一个民族国家的长期分裂。对于一个完整民族国家而言，主权与治权的关系在德国的四国管制这一案例中得到了体现。ACC 的失败，说明治权低于主权，或者至少从属于主权，是民族国家独立存在的必要。ACC 的创建者希望通过理想中的立法体系将主权与治权分离:主权归于ACC,治权握于具体占领区,从而达到和谐的全盘占领状态。但现实说明,失去了“治权”支柱的“主权”,不过是文本上搭建的空中楼阁,无法得到任何现实支持——ACC在诸多国际条约、大国友谊支持下仅维持区区三年不到,正说明了这一点;而失去“主权”归属的“治权”分割,则只会在民族国家分裂的道路上走得越来越远,并不能自行重铸完整的独立国家——ACC瘫痪至20世纪90年代才在德国主权归并的情况下寿终正寝,就是其最好的证据。

ACC是一项难以完成的事业的受难者。它被要求在“四国一致”,且容许“独立行事”的原则下以“盟国管制”方式对“全盘占领”的德国进行一场史无前例的重建改造。作为一个不具备任何强制手段,甚至无法以“少数服从多数”原则通过决议,没有任何国际仲裁机构可以给予协助,只能通过四国外长委员会会议提供建议性意见的国际合作组织,它不可能要求其成员步调一致、力度相同地推行任何命令,甚至无法做出一项真正能让四大盟国采取共同态度、相同理解的决策来。任务的重大与实际权力的微弱使得这一组织不可能完成自我的内部调解,无法回避各参与国对其所施加的直接影响,也就无法长久维持团结的局面。

ACC是国际矛盾转变的牺牲者。细究盟国对德管制委员会兴亡的原因所在,可以看到一条曲折的矛盾演变锁链:从二战末四大盟国对德的一致矛盾,到战后初期四国盟管当局内部苏、美、英与法方的矛盾,再至ACC中期美、英与苏、法方矛盾的并举,直到“冷战”背景下美、英、法联合对苏的矛盾。ACC的创立,本身是欧洲咨询委员会根据二战末期的国际局面所确定的,其“全盘分区占领”

原则旨在协调四大国共同实现对德国的救赎，保证德国在痛改前非的同时，不致丧失作为一个民族国家在地球上生存下来的机会。但这一契合二战末期国际形势的考虑并未顾及到战后矛盾关系的变化，不可避免地在战后德国威胁消失后面临丧失动机目标的窘境。“四国一致”与“独立行事”的原则由此得以树立，既维持四大盟国的战后合作，又使其能在具体管制中不为细小分歧而掣肘。从理论上讲，这无疑是一个周到的体系，但事实证明这并不能经受住实践的检验：作为一个由各国专家设计的理想中的管制体制，它深深植根于各国二战中培养起来的友谊关系，将四国一致作为根本，将各占领区的独立行事作为在具体领域的补充，深信各国会为了重建改造德国的目标而同心协力。但法国自成为 ACC 成员起就采取的不合作态度，以及四国在二战末期对德方针中业已存在的分歧，实际上使得这一组织在萌芽阶段便蕴含着裂痕。随着各国对德方针的演化以及国际局势的转变，这一裂痕随着矛盾关系的转换而逐渐凸显并扩大，最终在“冷战”格局下分裂成了东西两大占区间不可逾越的鸿沟。总而言之，在矛盾变化转移的过程中，“四国一致”与“独立行事”原则的内在逻辑矛盾性被各方所利用，“全盘分区占领”方针成了东西德分裂的先声，ACC 的设想被其所依凭的载体推向了截然相反的目标，从而对德国、欧洲，乃至全世界的命运产生了潜在的影响。

ACC 是战后历史演化的见证者。可以说，ACC 是国际政治理论中建构主义思想所体现的产物，依靠的是二战时各国培植出来的友好同盟关系，是人为建构起来的国际合作关系体，因为各国方针实际上的根本不同及战后世界局势的变化而不具有真正稳固的历史背景作支撑，势必会随局势的演变而发生不断地调整，最终在历史大势的演变下被击了个粉碎。但正因为如此，它得以见证了四大盟国在对德合作问题上的分合历程，并成了二战后及“冷战”初期各盟国关系变化在德国这一镜面上的微观写照：ACC 的建立意味着国际战后合作理想的需要，它的变化反映着四国矛盾关系的转移，它的瘫痪标志着“冷战”格局的紧张化，而它的寿终正寝恰好也预言了“冷战”时代的结束。

ACC 是新生德国的奠基人。它作为一个旨在获取实效的实践组织，最终流于瘫痪失败，未能在其活跃期间将其宗旨得以贯彻实施。但它作为战后合法德国最高当局所保留的统一德国的主权种子、作为正义战争胜利者为改造德国所奠定的种种原则基石，深深楔入了德国历史的这段分界罅隙之中，并在度过“冷战”的酷寒后催发出了统一的光辉。我们今天所看到的新兴统一德国，便是这主权种子所萌发出的参天巨木，这些原则基石上垒砌成的稳固金字塔，在遵从着民主平等的新主权本性、依凭着和平反战的新立国基线发展壮大。今天成为原法西斯国家追思历史补偿战罪的典范，在欧洲致力于一体化合作与共同建设、在全球积极参与经济发展与和平事业的德国，便是 ACC 事业无可置疑的成果写照。它的失败于本身是一幕悲剧，它的存在却是一个新生大国实现历史清算、保证民族自新、创建和谐未来的序幕。

如今，二战的硝烟已然消散，“冷战”的警报声方才止歇；和平的国际态势下，联合国的沟通协作作用在日渐加强，各式国际合作关系不断建立，各种国际合作组织如雨后春笋般涌现而出；应对世界局部地区出现的冲突与动乱局面，以“国际合作”方式对无政府地区进行“国际管制”“合作治理”的呼声也日渐高涨。在这一世界大势之下，盟国对德管制委员会的兴亡历程有着充分的借鉴意义、警示作用，它在人类历史长河中所留下的这道隐涵而曲折的轨迹，理应得到世人更多也更为深远的理解和反思。

附录(1)

美利坚合众国、大不列颠及北爱尔兰联合王国及苏维埃社会主义共和国联盟政府:①

1. 鉴于欧洲咨询委员会于莫斯科会议所达成之意见条款,该委员会致力于该机制,确保对德国所施加之投降条件及其他与这些条款相符的额外要求得以满足。

因而,我们就此提出一项有关德国管制机制的协议草案,以供三国政府考虑之用。

2. 目前,尚难以就德国投降或停止有组织抵抗以后的事态进程做出决定。当务之急是确定在投降或停止有组织抵抗及美利坚合众国、联合王国和苏维埃社会主义共和国联盟盟军力量占领德国之际,在德国建立何种盟国机关。

3. 该计划涵盖在所附协议草案中,就德国战败后占领时期的

---

① 原文译自:*Report by the European Advisory Commission*, Scanned original document at the Franklin D. Roosevelt Presidential Library and Museum, http://docs.fdrlibrary.marist.edu/psf/box32/t298f02.html.

三方管制与行政机构做出规定，该期间德国将执行无条件投降的基本要求。

4. 这些管制与行政机构的目的将包括：对德国非武装化的管制，包括最为迫切的经济非武装化任务；取缔纳粹政权；为基于民主原则的德国机关的创建创造条件。

5. 我们尚无法就协议草案所涵盖的时间长度做出预言。然而我们建议，该阶段期间分配给此管制机关的任务应尽快得以完成，且下一阶段的起始时间应由三国政府与其总司令磋商后予以决定。

6. 我们的草案基于以下设想：管制机关将在德国中央行政得以确立的条件下得以运作。不过我们所建议的三方管制机制也可适应其他条件。

7. 就达成以下所附协议内容所进行的讨论过程，我们已通报至各自所属政府。因此无需再赘述这些讨论内容。

8. 为确保协议所计划的管制机制尽早备妥以发挥其作用，我们建议，让与该协议条款相符的核心管制机制在协议批准后尽快于三方基础上建立起来。

9. 鉴于该协议第 8 条内容，我们建议，三国政府应在降书签字生效的同时共同发表公开声明，接管降书中所确保的权力行使，它们将会与联合国其他政府进行磋商。

10. 我们进一步建议，所附对德管制机制协议的要点应在无条件投降书得到签署、在德国的有组织抵抗停止之后，立即由三方盟国代表以公告形式向德国人民宣布。该公告还将包括占领区的划分描述。

欧洲咨询委员会美利坚合众国政府代表菲利普·E·莫斯利(Philip E. Mosely)	欧洲咨询委员会联合王国政府代表威廉·斯特朗(William Strang)	欧洲咨询委员会苏维埃社会主义共和国联盟代表费奥多尔·T·古瑟夫(Feodor T. Gousev)

兰开斯特宫

伦敦,S. W. 1.

1944 年 11 月 14 日

附录(2)

《对德管制机制协议》[1]

美利坚合众国、大不列颠及北爱尔兰联合王国及苏维埃社会主义共和国联盟政府已就有关德国执行无条件投降基本要求期间的对德管制机制达成以下协议。

第一条

德国的最高权力将由美利坚合众国、联合王国及苏维埃社会主义共和国联盟的武装力量总司令在各占领区内,遵照各国政府训示予以行使。关于涉及德国全部的事项,依照其在当前协议下所规定的最高管制机关成员的身份共同处理。

第二条

各占区总司令出于其联络义务,对其他两名总司令承担陆海空军代表职责。

---

① 原文译自: *Agreement on control machinery in Germany*, Scanned original document at the Franklin D. Roosevelt Presidential Library and Museum, http://docs.fdrlibrary.marist.edu/psf/box32/a298f04.html.

第三条

(a)三名总司令依照“一致原则”行动，组成名为管制委员会的最高管制机关。

(b)管制委员会职能包括：

(ⅰ)确保各总司令在其各自占领区内行动相对一致。

(ⅱ)依照各总司令从其政府所获训示，就关乎德国全部的主要军事、政治、经济问题起草计划并达成决议。

(ⅲ)对在管制委员会指示下进行运作并负责保证其要求得以满足的德国中央行政机构进行监管。

(ⅳ)通过对应机关指导“大柏林”区行政。

(c)管制委员会至少每十天进行一次会晤，且其任一成员均可在任一时间发起会晤。管制委员会决议必须完全一致。管制委员会主席职位由三名成员轮流担任。

(d)每一名管制委员会成员将由一名政治顾问协助。该顾问可在必要情况下出席管制委员会会议。每一名管制委员会成员也可在必要情况下由海军及空军顾问在委员会会议上提供协助。

第四条

在管制委员会下，将置一常设的协调委员会，由每国总司令各派代表一人组成，其军衔不低于陆军将官或海空军同等军衔。协调委员会成员可在必要情况下出席管制委员会会议。

第五条

协调委员会职责在于代表管制委员会通过管制人员行事，包括：

(a)执行管制委员会决议。

(b)对德国中央行政及机构的日常监管。

(c)对要求三个占领区采取共同措施的当前问题进行协调。

(d)针对各总司令所提出的所有问题,为管制委员会作初步审核与筹备。

第六条

(a)管制人员由各自国家当局任命,将按照以下部门组织:

陆军、海军、空军、运输、政治、经济、财政、赔偿、供应与恢复、内政与交通、法律、战俘与难民、人力。

对部门数额及职能可依据经验予以调整。

(b)每个部门以三名高级军官为首。每个部门的三名主任采取一致行动,其职责包括:

(ⅰ)对相关德国部门及中央机构实行管制。

(ⅱ)担任管制委员会顾问,并在必要情况下出席其会议。

(ⅲ)在协调委员会的联络下,向德国中央行政机构传达管制委员会决议。

(c)每部门的三名主任将出席议程中事务与其部门工作相关的协调委员会会议。

(d)部门成员既可包括文职人员,也可包括军职人员。在特殊情况下也可聘请其他联合国家之人民以个人资格参加工作。

第七条

(a)将建立一个由三名司令官组成的盟国内部管理当局(Komendatura),每国各派一人,由其各自总司令任命,以共同指导“大柏林”区行政。各司令官轮流任总司令官之职,为盟国内部管理当局首脑。

(b)在盟国内部管理当局下将建立一个技术团队,由三国各自人员组成,监管负责“大柏林”区市政服务的地方机关的活动。

(c)盟国内部管理当局在管制委员会宏观指导下运作,从协调委员会处接受命令。

第八条

管制委员会与其他主要有关的联合国家政府之间,将借各政府派遣的军事代表团取得联络(此等军事代表团可容非军事人员参加)。各代表团将借适当途径与各管制机关相互联络。

第九条

联合国的各组织,如获管制委员会之许可,将可与德国进行工作,但将隶属于盟国管制委员会之下,并对其负责。

第十条

上述德国盟国管制及行政机关,将于德国投降后的占领初期,亦即德国执行无条件投降的基本要求时实行。

第十一条

此后阶段中,有关执行德国管制与行政职能所要求的盟国机关问题,将由美利坚合众国、联合王国及苏维埃社会主义共和国联盟政府间的另一单独协定予以规定。

上述美利坚合众国、联合王国及苏维埃社会主义共和国联盟政府间的对德管制机制协议文本,由美利坚合众国、联合王国及苏维埃社会主义共和国联盟代表在 1944 年 11 月 14 日欧洲咨询委员会会议上备妥并一致接受,现已提交至其各自政府以供批准。

我们不屈不挠的宗旨，就是要消灭德国的军国主义和纳粹主义，要确保德国决不能够再扰乱世界的和平。我们决定要把德国一切武装力量解除武装，予以解散；把德国所有一切军事装备撤去或破坏掉；把所有一切曾供军事生产之用的德国工业排除掉，或者予以统制；使所有一切战争罪犯受到公正而迅速的膺惩，并要执行同德寇所造成的破坏相当的实物赔偿；要扫灭纳粹党，纳粹的法律、组织和制度，从德国人民的公共机关中，从文化生活与经济生活中消除所有一切纳粹的和军国主义的影响；并且要在德国和谐地采取对于世界未来的和平与安全实属必要的其他措置。我们的宗旨绝不是要消灭德国的人民，但是唯有当纳粹主义和军国主义已经根绝了的时候，德国人民才有过适当生活的希望，他们才有在国际交谊中占一席地位的希望。

……

丘吉尔

罗斯福

斯大林

附录(4)

《苏维埃社会主义共和国联盟、联合王国和美利坚合众国的政府及法兰西共和国的临时政府关于击败德国并在德国承担最高权力的宣言》(节选)[①]

(1945 年 6 月 5 日订于柏林)

德国的陆海空军力量已被彻底击败并已无条件投降,应该对这次战争负责的德国已不能再反抗战胜国的意志。德国的无条件投降业已实现,德国应遵行现在或以后可能向它提出的要求。

德国没有中央政府或当局能够承担维持秩序、国家行政和执行战胜国要求的责任。

在这种情况下,有必要在不妨碍以后对德国做出的决定下规定:德国武装部队停止再进行任何敌对行动,维持德国的秩序和国家行政,并宣布目前德国必须遵行的要求。

苏维埃社会主义共和国联盟、联合王国、美利坚合众国和法兰西共和国的最高司令部的代表(以下简称“盟国代表”),经各自政

---

① 该宣言不仅是盟国击败德国法西斯的标志性文件,还是德国战后主权转移的肇始。全部译文参见《国际条约集(1945—1947)》,第 27—33 页。

府的授权，并代表联合国家的利益，一致做出下列宣言：

——苏维埃社会主义共和国联盟、联合王国和美利坚合众国的政府以及法兰西共和国的临时政府，从此承担德国的最高权力，包括德国政府、司令部和任何州、市或地方政府或当局所有的一切权力。为上述目的而承担这些权力，并不构成对德国的并吞。

苏维埃社会主义共和国联盟、联合王国和美利坚合众国的政府以及法兰西共和国的临时政府将决定德国或它的任何部分的疆界，并决定德国或目前是德国领土的任何区域的地位。

由于德国的彻底被击败和无条件投降，盟国代表根据四国政府承担的最高权力，宣布下列德国必须遵守的要求。

……

1945 年 6 月 5 日于柏林。

中部欧洲时间 16 时 40 分。

由盟国代表签字：

格·奥尔吉·朱可夫

伯纳德·劳·蒙哥马利元帅

德怀特·德·艾森豪威尔将军

让·德·拉特·塔西尼将军

附录(5)

《苏维埃社会主义共和国联盟、联合王国和美利坚合众国的政府及法兰西共和国的临时政府关于德国管制机构的声明》[①]

(1945年6月5日于柏林)

一、在德国执行无条件投降的基本条件时,苏、英、美、法各总司令将于各占领区内,遵照各该国政府训示,行使最高权力。关于涉及德国全部的事项,由四国共同处置。四国总司令将组成盟国管制委员会,每一总司令将由一政治顾问予以协助。

二、管制委员会将保证各国总司令于占领区内,采取适当的一致行动,并对涉及德国全部的主要问题获一致同意的决定。该委员会的决议须一致通过。

三、在管制委员会下,将置一常设的协调委员会,由每国总司令各派代表一人组成。另外按照下列部门(将根据经验加以调整),组织管制人员:陆军、海军、空军、运输、政治、经济、财政、赔

---

① 译文参见《国际条约集(1945—1947)》,第33—34页。

偿、供应与恢复、内政与交通、法律、战俘与难民、人力。

每一部门设主任四人，由四国分别指派，各部门办事人员，得由军人及非军人担任，在特殊情形下亦得聘请其他联合国家之人民以个人资格参加工作。

四、协调委员会及管制部门的任务为向管制委员会提供意见，执行委员会的决议，并以决议交予适当的德国机构执行，监督管制后者的日常活动。

五、管制委员会与其他主要有关的联合国家政府之间，将借各该政府派定的军事代表团取得联络，此等军事代表团可容许非军人参加。各代表团将借适当途径与各管制机构相互联络。

六、联合国的各组织，如获管制委员会之许可，将可与德国进行工作，但将隶属于盟国管制委员会之下，并对其负责。

七、"大柏林"区的行政，将由盟国行政当局指挥，此一机构将受管制委员会之一般节制，由四司令官组成，每一司令官轮流担任总司令官。另由专门技术人员从事协助，此等人员将监督并管制地方德国机构的活动。

八、上述安排，将于德国投降后之占领期间，即德国执行无条件投降之基本条件时实行。此后期间之安排将另由一单独协定予以规定。

附录(6)

《苏维埃社会主义共和国联盟、联合王国和美利坚合众国的政府及法兰西共和国的临时政府关于德国占领区的声明》①

(1945年6月5日于柏林)

一、为了占领的目的,在1937年12月31日边界内的德国将分成四个区,各区分配给各国如下:

东区给苏维埃社会主义共和国联盟;

西北区给联合王国;

西南区给美利坚合众国;

西区给法兰西。

在每个占领区内的占领军将置于有关国家任命的总司令之下。四国的每一国可以根据自己的决定,将其他任何积极参加过对德作战的国家的部队,作为辅助部队,编入在该国总司令指挥下的负担占领任务的部队之中。

---

① 译文参见《国际条约集(1945—1947)》,第34—35页。

二、“大柏林”区将由四国的武力占领。将建立一个由各总司令任命的四个司令官组成的“盟国管制当局”来共同管理当地的行政。

附录(7)

《苏、英、美三国柏林(波茨坦)会议议定书》(节选)

(1945年8月2日订于柏林)①

……

二、在盟国管制初期期间,关于处置德国之政治及经济原则

甲　政治原则

(一)依照管制德国机构之协定,德国境内最高权力由美、英、苏、法四国总司令遵本国政府命令,分别在其各占领区执行;彼等并以管制委员会委员之地位,共同处置有关全德国之一般事件。

(二)对德国各地居民之待遇,应尽可能一律。

(三)占领德国之目的而为管制委员会之指针者如下:(1)解除德国全部武装,使其完全非军事化,铲除或控制可用以作军事生产之一切德国工业。为达到此数目的:(子)凡德国一切海陆空军、党卫军、挺进队、自卫军、秘密警察及彼等之机构,参谋人员及种种组

① 译文参见《国际条约集(1945—1947)》,第82—84页。

织，连同参谋本部、军官团、后备队、军事学校、退伍军人之一切组织及其他军事与半军事机构，与用以保持德国军事传统不灭之俱乐部与协会等，均应永远完全废除，以永久禁止德国军国主义者及纳粹主义者之复兴或改组。(丑)一切武器、军火及战具与其制造之专门设备，均由盟军处置或予毁灭。一切飞机、武器、军火及战具，均禁止保留与制造。(2)使德国人民确信军事上已完全失败，并不能逃避彼等自行加诸本身之责任。盖德国之残暴作战与疯狂之纳粹抵抗，已摧毁德国经济，混乱困危，势所难免。(3)摧毁纳粹党暨其附属与监督之机构，解散一切纳粹组织，并确保此等机构组织不得以任何形式复活。所有纳粹军人之活动及宣传必须禁止。(4)准备使德国政治生活在民主基础上获得重新建立，并使德国将来在国际生活上参与和平合作。

(四)一切支持希特勒政权之纳粹法律，或按照种族信仰及政见而定之歧视，应予废止。此种歧视不论是法律的或行政的，或属诸其他方面的，均不容存在。

(五)战争罪犯及参加策划或实施纳粹之事业，致使结果造成暴行或有战争罪行之人物，必须加以逮捕及付审讯。纳粹领袖、支持纳粹之有力人物、纳粹机构及组织中之高级官员以及危害盟国占领及其目的之任何人均应加逮捕与拘禁。

(六)一切纳粹党徒除仅在名义上参与该党活动者外，以及其他对于盟国目的持敌对行为者，不得担任公职及半公职，并于若干重要私人事业上，亦不得居负责地位。此等人士必加免职，由在政治与道德上有地位且对于德国真正民主制度之发展能有所帮助者出而接替。

（七）德国教育应彻底加以管理，以消弭纳粹及军国主义之理论，并使民主思想之顺利发展成为可能。

（八）司法制度应按照民主、法律正义及不分种族民族或宗教之一切人民应享平等权利之原则，重新改组。

（九）德国之行政应以政权分散及发展地方政权权限为原则。欲达到此目的：（子）德国全国各地应按照民主原则，尤需经由选举的议会制，在军事安全及军事占领目的许可之下，尽速恢复地方自治。（丑）德国各地之一切民主政党，应准许并鼓励其成立，并予以集会及公开讨论之权利。（寅）代表与选举原则，在可能顺利实施地方自治后，应尽速在区政府、省政府与邦政府中实施。（卯）目前德国中央政府暂不设立。然某种必要之德国中央行政部门，尤其财政、运输、交通、对外贸易与工业等，应予设立，以部长为其首长。此等部门将受管制委员会之指挥。

（十）除维持军事安全有所必要之外，言论、出版及宗教之自由将获准许，宗教机关并将受到尊重。除维持军事安全有所必要之外，组织自由职业工会，在许可之列。

乙 经济原则

（十一）为消灭德国之作战潜力，武器、弹药、战争工具以及各式飞机及海船之生产均予禁止。金属、化学品、机器以及作战经济直接需要之其他物品，其生产将受严格管制，且以符合第十五段所述各项目的，并经核准之德国战后平时需要为限，核准后生产所不需要之生产能力，将按照盟国赔偿委员会所拟并经有关政府批准之赔偿计划，将其迁移，如不迁移，则将予摧毁。

（十二）在实际可行之范围内，德国经济应早日分散，以消灭目前经济力量因“卡特尔”“辛迪加”“托拉斯”及其他垄断办法而造成之过分集中现象。

（十三）组织德国经济时，首将着重于农业及国内和平功业之展开。

（十四）在占领期间，德国应被视为一个经济单位。为达到此一目的计，关于下列各项将确定共同政策：（子）矿业及工业之生产与分配；（丑）农业、林业及渔业；（寅）工资、物资与定量分配；（卯）以整个德国为对象之进出口计划；（辰）货币与银行，中央赋税与关税；（巳）赔偿及消灭工业作战潜力；（午）运输与交通。

施行此等政策时，应适当顾及各地之不同环境。

（十五）同盟国之管制将施诸于德国经济，然以达到下列各项目的所需要之程度为限：（子）实施工业上解除武装与复员、赔偿、经核准之进出口计划；（丑）确保物品与服务之生产与维持，以满足德境占领军及流亡难民之需要，以及保持一不超过欧洲国家平均生活水准之生活水准（欧洲国家意指除联合王国及苏联以外之一切欧洲国家）；（寅）根据盟国管制委员会之决定，使各占领区间之必需物品，保持平均之分配，俾使在全德国以内产生一平衡之经济，以减少进口之需要；（卯）管制德国之工业及一切经济金融之国际转移，包含进口、出口等，以防止德国再发展战争潜力及达到其他目的；（辰）管制一切与经济活动有关之德国公私科学团体、研究实验之机关及实验所等。

（十六）为设置及维持由盟国管制委员会所规定之经济管制，必须建立德国行政机构，且需要德国当局于最大可能之限度内，宣布及执行此等管制。因此,应使德国人民认清:此等管制之执行,及执行中之差错,概应由德国人民自己负责。任何德国管制如有违反占领目的者,一律禁止。

(十七)立即采取下列措施:(子)对运输做必要之修复;(丑)增加煤之产量;(寅)增加农业生产至最大限度;(卯)对房屋及必需之公用事业,作紧急之修复。

(十八)盟国管制委员会应采取适当之步骤,施行管制及处理未参加对德作战之联合国家管制下之德国国外之资产。

(十九)德国偿付赔偿时,应保留充分之资源,俾德人能不赖国外之援助而生活。至实现德国之经济平衡,必须规定必需资财,以偿付经盟国管制委员会所允许之进口货价。为偿付此等进口货价,首先应使用现有之生产品及储存物品实行出口所得。

以上规定,对于赔偿协定(四)段(甲)项与(乙)项涉及生产设备及生产品者,均不适用。

……

斯大林

杜鲁门

艾德礼

1945年8月2日于柏林

附录(8)

管制委员会　第1号公告[①]

致德国人民：

美利坚合众国、苏维埃社会主义共和国联盟、大不列颠及北爱尔兰联合王国政府及法兰西共和国临时政府驻德武装力量总司令，以管制委员会成员身份共同在此做出以下公告：

一、如1945年6月5日所宣布，德国最高权力已由美利坚合众国、苏维埃社会主义共和国联盟、联合王国政府及法兰西共和国临时政府所承担。

二、鉴于最高权力已由四国政府承担，管制委员会业已建立；且在与全德相关事务上，最高权力已被授予管制委员会行使。

三、各总司令在其各自占领区内颁布，或在其名下发布的一切

① 原文译自：*Enactment and Approved Papers of the Control Council and Coordinating Committee* 1945. Vol.1, Compiled by Legal division, legal advice branch, drafting section office of military government for Germany, Berlin, 1945, p.44。讽刺的是，这一文件既是盟国对德管制委员会正式发出的第一份共同文件，也是最后一部有着真正意义上"四国一致"的"共同"前提的ACC文本。正是该公告第三条实际上赋予ACC成员在各自占区"独立行事"之权，使得各方能合法地对ACC之后任何形式的规章指令依照自己的观点进行不同地解读和实施。

军法、公告、命令、训令、通知、条例与规章在其各自占领区内依然有效。

1945 年 8 月 30 日订于柏林

参考文献

档案文件、回忆录、传记：

（外文）

1. Beate Ruhm von Oppen (ed.), *Documents on Germany under Occupation* 1945 – 1954, London, New York, Toronto: Oxford University Press, 1955.

2. Dean Acheson, *Present at the Creation: My Years in the State Department*, New York: Norton, 1969.

3. Dwight D. Eisenhower, *Crusade in Europe*, London: Heineman, 1948.

4. *Enactment and Approved Papers of the Control Council and Coordinating Committee* 1945 – 1948, Vol. 1 – 9, Compiled by Legal division, legal advice branch, drafting section office of military government for Germany, Berlin, 1945 – 1948.

5. *Foreign Relations of the United States*, Washington: Government Printing Office, 1963 – 1966.

6. Henry Morgenthau Jr., *Germany is our Problem*, New York:

Harper and Brothers, 1945.

7. James F. Byrnes, *Speaking Frankly*, New York: Harper, 1947.

8. Jean Edward Smith, *The Papers of General Lucius D. Clay*, Bloomington: Indiana University Press, 1974.

9. Leland M. Goodrich and Marie J. Carroll (eds.), *Documents on American Foreign Relations, July* 1944 - *June* 1945, Vol. 2, Boston: World Peace Found, 1947.

10. Lucius D. Clay, *Decision in Germany*, Garden City, New York: The Country Life Press, 1950.

11. Richard D. McKinzie, *Oral History Interview with Lucius D. Clay*, http:// www. trumanlibrary. org/ oralhist/ clayl. Htm. July 16, 1974.

（中文）

1. 戴高乐:《战争回忆录》,陈焕章译,北京:中国人民大学出版社,2005 年。

2. 德・安・沃尔科戈诺夫:《斯大林》下册,张慕良等译,北京:世界知识出版社,2001 年。

3.《国际条约集(1945—1947)》,北京:世界知识出版社,1959 年。

4. 马加里特・卡利利编:《国际事务文件(1947—1848)》,北京:商务印书馆,1948 年。

5. 迈克尔・鲍尔弗、约翰・梅尔:《四国对德国和奥地利的管制 1945—1946 年》,安徽大学外语系译,上海:上海译文出版社,

1995 年。

6. 丘吉尔:《第二次世界大战回忆录》,韦凡等译,海口:南方出版社,1995 年。

7. 萨纳科也夫、崔布列夫斯基编:《德黑兰、雅尔塔、波茨坦会议文件集》,北京外国语学院译,北京:生活·读书·新知三联书店,1978 年。

8. 沈志华总主编:《苏联历史档案选编》,北京:社会科学文献出版社,2002 年。

9. 朱可夫:《朱可夫元帅战争回忆录》,徐锦栋、思齐等译,北京:解放军出版社,2003 年版。

外文专著:

1. Alfred Grrosser, *Germany in Our Time: A Political History of the Post-war Years*, Santa Barbara: Praeger Publishers, 1971.

2. André Piettre, *L' Economie allemande contemporaine* (*Allemagne occidentale*) 1945 – 1952, Paris: M. T. Genin, 1952.

3. Carolyn Woods Eisenberg, *Drawing the Line: The American Decision to Divide Germany*, 1944 – 1949, Cambridge: Cambridge University Press, 1996.

4. Earl F. Ziemke, *The U. S. Army in the Occupation of Germany* 1944 – 1946, Washington: Government Printing Office, 1990.

5. Edward N. Peterson, *The American Occupation of Germany: Retreat to Victory*, Detroit, Michigan: Wayne State University Press, 1977.

6. Geneviève Maelstaf, *Que faire de l'Allemagne ? Les responsables*

français, le statut international de l'Allemagne et le problème de l'unité allemande (1945 – 1955), Paris: Imperimerie nationale, 1999.

7. Gordon Schaffer, *Russian Zone*, London: George Allen & Unwin LTD, 1947.

8. Gunther Mai, *Der Alliierte Kontrollrat in Deutschland*: 1945 – 1948, Oldenbourg: Oldenbourg Verlag, 1995.

9. Gray Bruce, *Resistance with the People, Repression and Resistance in Eastern Germany* 1945 – 1955, Harvard: Rowman & Littlefield Publishers, 2003.

10. Harold Zink, *The United States in Germany* 1945 – 1955, New York: D. Van Nost Rand Company, 1957.

11. John Gillingham, *Coal, Steel, and the Rebirth of Europe*, 1945 – 1955: *The Germans and French from Ruhr Conflict to Economic Community*, Cambridge: Cambridge University Press, 1991.

12. John Gimbel, *The American Occupation of Germany*, Redwood City: Stanford University Press, 1968.

13. John Gimbel, *The Origins of the Marshall Plan*, Redwood City: Stanford University Press, 1976.

14. John P. Nettl, *The Eastern Zone and Soviet Policy in Germany*, London: Oxford University Press, 1951.

15. Jürgen Weber, *Germany* 1945 – 1990 *A Parallel History*, London: Central European University Press, 2004.

16. Mike Dennis, Norman LaPorte, *State and Minorities in Communist East Germany*: 1945 – 1990, New York: Berghahn Books, 2011.

17. Manfred Malzahn, *Germany* 1945 – 1949: *A Sourcebook*, London: Routledge, 1991.

18. Nicholas Pronay and Keith Wilson (eds.), *The Political Re-education of Germany & Her Allies*, London: Croom Helm, 1985.

19. Norman M. Naimark, *The Russians in Germany*, London: The Belknap Press of Harvard University Press, 2001.

20. Richard L. Merritt, *Democracy Imposed: U. S. Occupation Policy and the German Public*, 1945 – 1949, New Haven, Connecticut: Yale University Press, 1995.

21. Robert E. Sherwood, *Roosevelt and Hopkins: an Intimate History*, New York: Harper, 1948.

22. Saul K. Padover, *Psychologist in Germany*, London: Phoenix, 1946.

23. Timothy. R. Vogt, *Denazification in Soviet-Occupied Germany*, *Brandenburg*, 1945 – 1948, Cambridge, Massachusetts: Harvard University Press, 2000.

24. Wilfried Loth, *Stalin's Unwanted Child*, *the Soviet Union*, *the German question and the founding of the GDR*, London: Palgrave Macmillan, 1998.

外文论文：

1. Alan Kramer, "British Dismantling politics, 1945 – 1949: A Reassessment", in Ian D. Turner (ed.), *Reconstruction in Post-war Germany: British Occupation and the West Zones*, 1944 – 1945, Oxford:

Oxford University Press, 1989, pp. 125 – 154.

2. Avi Shlaim, "The Partition of Germany and the origins of the Cold War", *Review of International Studies*, Vol. 11 (1985), p. 124.

3. Barbara Marshall, "German Attitudes to British Military Government 1945 – 1947", *Journal of Contemporary History*, Vol. 15, No. 4 (October 1980), pp. 655 – 684.

4. Barbara Marshall, "The Democratization of Local Politics in the British Zone of Germany: Hanover 1945 – 1947", *Journal of Contemporary History*, Vol. 21, No. 3 (July 1986), pp. 413 – 451.

5. Eduard Mark, "Working Paper #31: Revolution by Degrees: Stalin's National Front Strategy for Europe, 1941 – 1947", http://wwics. si. Edu /index. cfm? topic-id = 1409&fuseaction = library. document &id = 930.

6. Emanuel Adler, Louis W. Pauly (eds.), "Political and Legal Organizations: The Council of Foreign Ministers", *International Organization*, Vol. 1, No. 1 (February 1947), Published online: (May 2009), pp. 170 – 178.

7. Franz Knipping, "Que Faire De L'Allemagne? French Policy Toward Germany, 1945 – 1950", in Haim Shamir (ed.), *France and Germany in an Age of Crisis*, 1900 – 1960, New York: Brill Academic Pub, 1990, p. 67.

8. Ian Turner, "Denazification in the British Zone", in Ian D. Turner (ed.), *Reconstruction in Post-War Germany: British Occupation and the West Zones*, 1944 – 1945, Oxford: Oxford University Press,

1989, pp. 239 – 270.

9. Isabel Warner, "Allied-German Negotiations on the Deconcentration of the West German Steel Industry", in Ian D. Turner (ed.), *Reconstruction in Post-War Germany: British Occupation and the West Zones*, 1944 – 1945, Oxford: Oxford University Press, 1989, pp. 155 – 188.

10. Jill Jones, "Eradicating Nazism from the British Zone of Germany: Early Policy and Practice", *Germany History*, Vol. 8, No. 2, 1990, pp. 145 – 162.

11. John Gillingham, "From Morgenthau Plan to Schuman Plan: America and the Organization of Europe", in Jeffery M. Diefendorf, Axel Frohn and Hermann-Josef Rupieper (eds.), *American Policy and the Reconstruction of West Germany*, 1945 – 1955, Cambridge: Cambridge University Press, 1994, pp. 111 – 134.

12. Kurt Jürgensen, "The Concept and Practice of 'Re-education' in Germany 1945 – 1950", in Nicholas Pronay and Keith Wilson (eds.), *The Political Education of Germany & Her Allies*, London: Croom Helm, 1985, p. 83.

13. M. A. Kelly, "The Reconstitution of the German Trade Union Movement", *Political Science Quarterly*, Vol. 64, No. 1, 1949. 3, pp. 24 – 49.

14. Philp E. Mosely, "Dismemberment of Germany", *Foreign Affairs*, Vol. 28, No. 3, 1950. 5, pp. 487 – 498.

15. Raymond G. Stokes, "Technology Transfer and the Emergence

of the West German Petrochemical Industry, 1945 – 1955", in Jeffry M. Diefendorf, Axel Frohn, and Herman-Josef Rupieper (eds.), *American Policy and the Reconstruction of Germany*, Cambridge: Cambridge University Press, 2004, p. 223.

16. Robert Maddox, "Reparations and Origins of the Cold War", *Mid-America: An Historical Review*, Vol. 67, (October 1985), pp. 125 – 131.

17. Rolf Badstübner, "The Allied Four-power Administration and Sociopolitical Development in Germany", *German History*, Vol. 8, No. 2, 1990, pp. 19 – 34.

18. Rolf Badstübner, "Zur Tätigkeit des Alliierten kontrollrates in Deutschland 1945 bis 1948", ZfG (Zeitschrift für Geschichtswissenschaft), Vol. 34 (1986), pp. 581 – 598.

19. Scott D. Parish, Mikhail M. Narinsky, "New Evidence on the Soviet Rejection of the Marshall Plan, 1947", *Working Paper* No. 9, published by Woodrow Wilson International Center for Scholars, 1994, http://stage-wilson.p2technology.Com/sites/default/files/ACFB73.pdf.

20. "United States – France – Great Britain – Soviet Union; Declaration Regarding the Defeat of Germany and the Assumption of Supreme Authority with Respect to Germany and Supplementary Statements (Supplement: Official Documents)", *The American Journal of International Law*, Vol. 39, No. 3 (Jul., 1945), pp. 171 – 178.

21. Wolfgang Schlauch, "American Policy toward Germany,

1945", *Journal of Contemporary History*, Vol. 5, No. 4 (1970), pp. 113 - 128.

中文专著及译著:

1. 阿尔弗雷德·格鲁塞:《法国对外政策(1944—1984)》,陆伯源、穆文等译,北京:世界知识出版社,1989年。

2. 埃德温·哈特里奇:《第四帝国》,国甫、培根译,北京:北京新华出版社,1982年。

3. 安·安·葛罗米柯,鲍·尼·波诺马廖夫主编:《苏联对外政策史(下卷)1945—1980》,韩正文、沈芜清等译,北京:中国人民大学出版社,1989年。

4. 丁建弘:《德国通史》,上海:上海社会科学院出版社,2007年。

5. 丁建弘主编:《战后德国的分裂与统一》,北京:人民出版社,1996年。

6. 赫尔穆特·沃尔曼:《德国地方政府》,陈伟、段德敏译,北京:北京大学出版社,2005年。

7. 卡尔·迪特利希·埃尔德曼:《德意志史》(第四卷下),张载扬等译,北京:商务印书馆,1986年。

8. 卡尔·哈达赫:《二十世纪德国经济史》,扬绪译,北京:商务印书馆,1984年。

9. 科佩尔·S·平森:《德国近现代史:它的历史和文化》下册,范德一译,北京:商务印书馆,1987年。

10. 李工真:《德意志道路——现代化进程研究》,武汉:武汉大学出版社,1997 年。

11. 罗伯特・达莱克:《罗斯福与美国对外政策,1932—1945》下册,伊伟译,北京:商务印书馆,1984 年。

12. 玛利亚・格拉齐娅・梅吉奥妮:《欧洲统一,贤哲之梦——欧洲统一思想史》,陈宝顺、沈亦缘译,北京:世界知识出版社,2004 年。

13. 乔治・惠勒:《美国对德政策(1945—1950 年)》,贺丽译,北京:世界知识出版社,1960 年。

14. 王玮,戴超武:《美国外交思想史,1775—2005 年》,北京:人民出版社,2007 年。

15. 维纳・洛赫:《德国史》,北京大学历史系世界近现代史教研室译,北京:生活・读书・新知三联书店,1959 年。

16. J・温特立:《德国问题内幕》,宾符译,上海:世界知识出版社,1948 年。

17. 沃捷特克・马斯特尼:《斯大林时期的"冷战"与苏联的安全观》,郭懋安译,桂林:广西师范大学出版社,2002 年。

18. 吴友法:《德国现当代史》,武汉:武汉大学出版社,2007 年。

19. 吴友法、邢来顺:《德国——从统一到分裂再到统一》,西安:三秦出版社,2005 年。

20. 约瑟夫・诺吉、罗伯特・唐纳森:《苏联二次大战后的外交政策》,黄宗浩译,台北:幼狮文化事业公司,1984 年。

21. 张沛:《凤凰涅槃——德国西占区民主化改造研究》,上海:上海人民出版社,2007 年。

中文论文：

1. 冯琪:《苏联对德国的政策与德国的分裂(1945—1955)》,硕士学位论文,中国社会科学院,2005 年。

2. 孟钟捷:《试析二战后德国工会联盟的构建》,《华东师范大学学报(哲学社会科学版)》2009 年第 6 期,第 27—32 页。

3. 孟钟捷:《二战后德国企业代表会体制的重建(1945—1952)》,《世界历史》2009 年第 4 期,第 43—51 页。

4. 秦元春:《1945—1949 年盟国对德政策的走向及其得失》,《淮南师范学院学报》2005 年第 5 期,第 32—35 页。

5. 任国强:《关于普鲁士历史评价的重新思考——对盟国管制委员会第 46 号令的驳正》,《德国研究》2004 年第 3 期,第 47—52 页。

6. 吴伟:《苏联与西方盟国在划分德国占领区问题上的合作与斗争》,《东欧中亚研究》1994 年第 2 期,第 68—73 页。

7. 苑爽:《两次世界大战后美国处理德国战争赔偿问题的政策演变》,博士学位论文,华东师范大学,2008 年。

8. 郑丽:《二战后盟国对德国的“非纳粹化”改造》,《武汉大学学报(人文科学版)》2010 年第 5 期,第 614—619 页。

9. 周显亮:《二战后初期德国西占区非纳粹化探析》,硕士学位论文,吉林大学,2007 年。